祖国の英雄を「売国奴」と断罪する哀れな韓国人

金文学 *Jin Wenxue*

金玉均
李完用
李容九
閔元植
裵貞子

韓相龍
金性洙
李光洙
羅蕙錫
禹長春

孫晋泰
孫基禎
崔承喜
朴正熙

ビジネス社

まえがき　〜近代韓国史は「親日史」である〜

単刀直入に言って、現在の日韓問題は、すべて韓国サイドに端を発するものである。韓国人の理不尽な日本攻撃、バッシングは、結局のところ日韓関係のさらなる悪化を招いているだけだ。日本を敵視する現在の韓国人、韓国政府の「反日」「侮日」は、1910〜1945年の植民地時代より、質的にも量的にもはるかに卑劣で執拗である。

なぜ、韓国人は疲れ知らずに「反日」を繰り返せるのだろうか？

なぜ、日本から独立して76年が過ぎた今日もなお、日本の統治に協力した同胞たちを「親日売国奴」として糾弾することに熱狂するのだろうか？

その答えは、日本への憎悪と蔑視という韓民族の伝統、狂信的民族主義（反日種族主義）、そして、なかんずくは植民地時代に関する無知、知的欺瞞の洗脳にあるのだ。

歴史の真実は往々にして、教科書に書かれた一般的通念という〝オモテ〟ではなく、むしろその〝ウラ〟に隠されている。歴史の地層を探れば探るほど、日本はまるで「野生の猿のようであった朝鮮人の野蛮な毛を刈り取ってくれた」文明の伝導師であったという真実が顔を見せるのだ。
しかも韓国人は、日本による強制ではなく、実は自ら進んで日本の近代を取り入れ、真似たのである。まるで、自分の会社が資金も技術力も足りず倒産寸前という危機のなか、外資系企業を招聘し、合弁会社を立ち上げることで起死回生を果たしたごとく、日本の近代の価値と力を熟知した朝鮮のエリートたちが、日本を唯一無二の「師」として迎え入れたのが歴史の真実なのだ。

本書では、韓国各界のエリートを通じて、彼らがいかに日本から近代を吸収し、模倣し、そして自国の近代化を実践してきたかを明らかにした。日清戦争以降、日本をモデルとして近代化を目指した韓国では、実は「抗日」「反日」はきわめて非主流で、「親日」が99・9%の主流をなしていたのだ。近代日韓史は、ひと言でいえば「親日史」なのである。

このような史実は、読者にとって衝撃的かもしれない。だが、こうした真実からあらためて「近代日本なしには、いまの韓国は存在しなかった」ということを認識していただきたいのだ。

残念ながら、当の韓国ではいまだに、日本の植民地時代に近代文明を学び、漸進的な改革を進めてきた穏健的なナショナリストに対しても罵声を浴びせかけている。現に『親日派人名事典』に載っている人物は4776名、「親日反民族行為者」は1万3000名にも及ぶ。しかし、皮肉なことに、これら親日派の人々こそが、まぎれもなく「韓国建国の英雄」なのだ。

海外同胞のひとりとして、私は祖国の韓国人にはっきりと言いたい。

「親日派の人たちは、人格、才能、知見を備えた英傑である。いま、彼らに罵倒の槍を投げつけている君たちよりも、はるかにすぐれた人物だ。君たちに好き勝手に侮蔑されるいわれは、微塵もない。いい加減にしたまえ」

人類の文明史が見事に証明しているように、隣国を敵視し、不仲に陥れば、自分たちの破滅を生起しかねない。

韓国が日本と交じり合った近代の真実を知ることが、韓国人にとって、いま何よりも重要なことでないだろうか？

また、日本人も自国史をひたすら〝悪〟と見なす「自虐的思考回路」から、いい加減脱皮しなければならないのではないだろうか？

本書が読者の皆さまにとって、正しい日韓近代史を理解する一助になれば、著者としてこれ以上ない幸せである。

令和3年7月7日

金文学謹識

もくじ

韓国近現代の主な出来事

1875	江華島事件。日本の軍艦が江華島に向けて砲撃を行う。
1876	日朝修好条規締結。朝鮮が開国へと向かう。
1884	甲申政変。開化派がクーデターを起こすも守旧派に鎮圧される。
1894	東学党の乱。東学信者や農民が政府に反乱を起こす。この鎮圧をめぐり日清戦争が始まる。
1895	乙未事変。政治の実権を握っていた親露派の閔妃が暗殺される。
1896	露館播遷。国王高宗がロシア公使館に逃げ込み施政を行う。
1897	大韓帝国誕生。ロシア公使館から戻った高宗が、日清戦争後の清からの独立の一環として国名変更する。
1905	第2次日韓協約締結。韓国は外交権を失い日本の保護国となる。
1906	韓国統監府設立。第2次日韓協約に基づき日本政府が設置し、初代統監に伊藤博文が就任する。
1907	ハーグ密使事件。高宗が日本から外交権を取り戻そうと密使をハーグの国際会議に送るも拒絶され、逆に日本の朝鮮管轄権が国際的に認められる。
1909	伊藤博文暗殺。ハルビン駅にて安重根により伊藤博文が暗殺される。
1910	日韓併合。大韓帝国から朝鮮に国名を戻し、韓国総督府が朝鮮総督府に改組される。
1919	3・1独立運動。日本からの独立を目指し各地でデモ、暴動が起きるも、ほどなく鎮圧される。
1940	創氏改名。日本が朝鮮籍の人々に、新たに「氏」をつけ「名」を改めることを許可する。
1945	光復。日本の敗戦により朝鮮が解放される。
1948	南北朝鮮分裂。南に大韓民国、北に朝鮮民主主義人民共和国が樹立される。
1950	朝鮮戦争勃発。朝鮮人民軍が韓国へと侵攻を開始する。
1953	朝鮮戦争終結。南北国境の板門店で休戦協定が調印される。
1961	クーデター勃発。朴正熙が軍事クーデターを起こし、政権を奪取する。
1965	日韓国交正常化。日韓基本条約が締結され、韓国側は総額8億ドルの経済援助と引き換えに、日本への賠償請求権を放棄する。

序章

韓国建国のエリートたちが日本に学んだ本当の理由

近代史をめぐる日韓両国の致命的な落とし穴

今日の日韓関係の悪化は、ずばり「近代史」をめぐる両国の〝落とし穴〟に由来すると言っても過言ではない。

この落とし穴は、非常に致命的だ。これは、私が長いあいだ日中韓の比較文化学者として東アジアの近現代史を文明史的に研究してきた結論のひとつでもある。

まず日本サイドの落とし穴を見てみると、ふたつほどあると思う。

ひとつは、日本人の韓国の過去に対する一種の〝後ろめたさ〟だ。日本の植民地支配についての反省や謝罪に起因する、いきすぎた罪悪感やある種の〝自己嫌悪〟に陥るという問題である。

もうひとつは、「加害者VS被害者」という対立構図思考だ。いわゆる「加害者」の日本人は、「被害者」の韓国人による理不尽な要求や批判を甘受すべきだという〝方程式〟が、当たり前のものとして広く受け入れられてしまっている。

戦後の日本は、韓国人の「反日」に対して上記ふたつの配慮から、まともな議論や意見表明すら、ほとんどできていない。その結果、韓国の反日をどうこうする以前に、日本国内ですでに「反日」的自己嫌悪、自己卑下がはびこってしまっているのが現状なのだ。

日本に長く暮らしている者として、これほどまでに自国の過去、歴史に対して嫌悪感を抱き、いつ終わるとも知れぬ「自虐」を思考回路に取り込んだ国民が多いことに、私は驚愕の念を禁じえない。

このよう日本人の姿勢が、よりいっそう韓国人の「反日」の勢いを加速させてしまう要因となっているのである。

一方、韓国サイドを見てみよう。そこには3つの絶望的な落とし穴がある。

ひとつ目は、「すべては日本が絶対的に悪い」という思考である。そこには、自国への反省の念は微塵も存在しない。つまり、「なぜわれわれは、日本に植民地支配されたのか」「なぜ、日本のように近代化に成功できなかったのか」といったような、そもそもの問題の根源を探求するという意識が欠けている。

ふたつ目は、植民地時代に生きた朝鮮同胞を、「親日」か「反日」の二分法で捉え、さらに「親日」と判定された人を皆、「罪深い民族への『反逆者』」と断罪してしまうことだ。

ひとたび親日派と決めつけると、その人たちを一方的に非難し、処罰することに全力を注ぐ。無論、親日派を〝処罰〟するという行為が果たしてどれだけ合理的なのか、という疑問すら許されないのが韓国社会の特質である。

かつて『親日派のための弁明』（草思社、2002年）を書いた金完燮《キムワンソプ》や、ベストセラー『反日種族主義』（文藝春秋、2019年）の著者である李栄薫《イヨンフン》たちに対して、すさまじい人格攻撃を容赦なく加えるなど、親日派に対する断罪の〝むごたらしさ〟は枚挙にいとまがない。

3つ目は、「知的欺瞞」である。すなわち、歴史の真実を隠蔽したり、歪曲したり、都合のいいように誇張したりすることだ。そして、それをプロパガンダとして活用して大衆を洗脳し、「反日」を人工的につくり、かつ量産してきたのだ。

その意味において戦後韓国の「反日」教育は、世界の近現代史でもっとも成功した〝国家的洗脳〟ともいえよう。

なぜ韓国社会で「知的欺瞞」がはびこるのか

はっきり言ってしまえば、「日韓問題」と呼ばれるものは、すべて韓国の「国内問題」である。「自己否定」する日本と反対に「自己主張」を声高に展開する韓国は、戦後70余年がたったいまでも、近現代史で起きた「問題」に対する各種の〝償い〟を日本に吹っ掛けてくる。

一般的にナショナリスティックな歴史は、自国民を善良な弱者に仕立て上げ、それに対し〝外敵〟による侵略や侮蔑を強調しがちだ。そして、そうして史実をねじ曲げて、虚言を動員し、自国への誇りと愛国心を国民に湧き起こさせる。

無論、そうすることによって自然と他民族に対する憎悪や敵対心、怨みも増幅する。前述の『反日種族主義』のなかで、著者のひとりである李栄薫元ソウル大学教授は、「この国の国民が嘘を嘘と思わず、この国の政治が嘘を政争の手段とするようになったのには、この国の嘘つきの学問に一番大きな責任があります」と述べている。

さらに李教授は、韓国国民や政治のウソは、この国のウソつきの学問に一番大きな責任があるとして、こう付け加えた。

「この国の歴史学や社会学は嘘の温床です。この国の大学は嘘の製造工場です。（中略）嘘は主に、二〇世紀に入り日本がこの地を支配した歴史と関連し、誰はばかることなく横行しました。（中略）韓国人一般が持っている通念は、ただの一件もその事例が確認されていない、真っ赤な嘘を土台としたものでした」

このように、韓国では近代史をねじ曲げるだけでなく、その当時「親日行為」をした人物や、本当は日本の近代化にあこがれて、日本の近代化を自国に生かすために学んだ愛国者がいたという真実を闇に葬ってしまったのである。

そして、自分たちが望んだ「あるべき歴史」に沿って反日教育を展開し、それを未来永劫繰り返すのだ。

韓国の歴史教科書では、自分たちの国はもともと素晴らしい国＝朝鮮王朝だったのに、日本帝国が侵略してきて、めちゃくちゃに蹂躙したと力説されている。

韓国で自国を自賛する言葉に、「三千里華麗江山《さんぜんりかれいこうざん》」という表現がある。国歌の歌詞にも登場するが、その真意は韓国は緑豊かできれいな山川の国であったのに、日本に略奪、蹂躙《じゅうりん》されてしまったということになる。私はこれを韓国人特有の「三千里華麗江山夢想」と呼びたい。

この〝韓国式夢想法〟により、韓国の過去は美しい国であったと決めつけ、日本を絶対の悪者に仕立て上げられてきたのだ。

実際私が、韓国で会った99・9％の人は、このような夢想法にとりつかれ、朝鮮時代の真相を話したところで聞く耳は持たずに、無条件にひたすら怒り、口角泡を飛ばしながら反論する体《てい》たらくであった。だから、私は基本的に韓国の学者や文化人とですら、歴史の話題を極力避けることにしている。

しかも、彼らの悪しき特徴は、既成事実を覆す新たな史料、証拠が見つかっても一顧だにしないことだ。こうして自国の過去の真実を見ようとする理性的な試みも、学問的な追究もほとんどされないまま、ただひたすら「反日」に狂奔するのが悲しいかな、韓国社会の現実なのだ。

1905年に〝独立〟を果たした朝鮮

韓国人エリートたちがなぜ、日本を近代化の「師」としたのか。このテーマを解明するためには、まず当時の韓国社会の真相を知らなければならない。

残念ながら、李氏朝鮮とも呼ばれる朝鮮王朝の、とりわけ末期の状態は「三千里華麗江山」とは、いちじるしく乖離したものだった。

朝鮮が外交権を奪われた1905年の「第2次日韓協約」（乙巳《いっし》条約、日韓保護条約）、そして1910年8月22日、「日韓併合」によって朝鮮王朝は〝亡国〟の憂き目にあう。

ただし、この1905年こそが、実は韓国にとってきわめて画期的な歴史転換点であったことをご存じだろうか。その理由は、外交権を失ったからではない。朝鮮が正式に中華帝国の属国の地位から脱し、〝独立〟を果たしたからだ。

いまだに韓国人は、立派な三千里華麗江山の半島は、もともと独立国家だったと見事なほど錯覚している。だが、近代日本がこの半島にやってきたとき、そこにあったのは韓民族独自の国家ではなく、小中華の地位にいる単なる属国であった。行政体制、法律から使用する文字、思考様式まで中華帝国に隷属していたのである。

だが、日本がやってきたことによって、数千年（韓国人は半万年＝5000年という）もの長いあいだ、あるいは中世から500年もの長きにわたり、中華帝国であった明朝式の儒教的王朝から半島は解放されたのである。

これは、中華の〝奴隷〟として気息奄々《きそくえんえん》としてきた朝鮮民族にとって、とてつもなく大きな出来事であった。文明史的に考察すれば、この日本の功績は、いくら賞賛してもし切れないほどである。

こうした朝鮮の〝亡国〟を悲しんだのは、中華の属国であることにあぐらをかいてきた儒教思想を信奉する権力者たちだけであった。しかも、この守旧勢力は当時、朝鮮半島の主流派ではなかったのだ。

韓国の教科書では、日清戦争で日本は韓国の利権を奪い取り、韓国侵略の土台づくりをしたと説明している。一方、日清戦争で1000年近く続いた中国の属国状態から朝鮮が解放されたという〝史実〟については、何ひとつ触れてはいない。しかも、朝鮮独立の「独立」とは、いったいどこからの独立なのかについても明確にはしていないのだ。1945年の終戦以前に、儒教的な中華秩序から「独立」していたという事実は、韓国の歴史の専門家、政治家にとって不都合だったからである。

知られざる朝鮮末期の真相

では、韓国人が「三千里華麗江山」とうたった朝鮮王朝、とりわけその末期は、どのような状態だったのだろうか。

韓国人には信じられないかもしれないが、王朝末期まで朝鮮には奴隷制度があった。実はこの事実こそが、当時の状態を端的に象徴する社会的現象だったといえよう。

朝鮮王朝が開かれたときから末期まで、奴隷制度は社会支配の原動力となった。これら奴隷の労働によって朝鮮王朝の統治が維持され、朝鮮人社会が成り立っていたのだ。半島を訪れた西洋人の観察記や朝鮮人識者の著作、記録からも、朝鮮末期に「奴婢《ぬひ》」と称される奴隷が大量に存在したことを知ることができる。

実際、918年に成立した高麗以来、朝鮮半島では1000年にわたり奴隷制度が維持されてきた。15世紀末期に完成した、李氏朝鮮の社会統治の原理となった『経国大典《けいこくたいてん》』という法典がある。これにより奴隷制度が確立され、奴婢たちは家畜のように扱われる運命となった。こうした社会状況が、朝鮮の末期まで続いたのである。福沢諭吉は、このような状況を「妖魔悪鬼の地獄国」だと評した（1885年2月26日付『時事新報』）。

だからこそ、1894年に起きた甲午《こうご》農民戦争に端を発し1896年まで続く甲午改革は、韓国近代史上、画期的意義をもったのである。なぜなら、運動の最大の功績は奴隷制度を廃止したことだからだ。これによって、朝鮮人はようやく等しく社会の一員となったのである。

ところが韓国では、甲午改革は日本の圧力や協力で推進されたので、実際の成果は微々たるものだったと否定的に評価されがちだ。もちろん、日本の圧力、協力うんぬんと言うことは、すなわち、韓国の近代改革は自らの能力で行うことなどほとんど無理だったと自白するようなものなのだが……。

なぜ韓国語で「橋」と「脚」は同音なのか

守旧派と呼ばれる王朝末期の支配者、権力者たちは、「小中華文明」で得た利益や地位を必死で守ろうと抵抗したため、朝鮮が自力で革命を起こすのは、事実上不可能に近かったのが歴史の真相であったということだ。つまり、日本が主導しなければ、朝鮮の近代革命はなしえなかった。もっと言ってしまえば、日本の明治維新の延長線として韓国の甲午改革があったのだ。

近代社会のシンボルのひとつといえる、道路交通事情を見てみよう。

朝鮮王朝の500年間、朝鮮半島には人間が歩ける安全な道路がほとんどなかったという。だから、地方に赴任してきた官僚に対するあいさつの言葉が「いらっしゃる途中、何回ぬかるみにはまりましたか?」であったのである。

当時の幹線道路は、牛馬車がかろうじて通過できた程度で、ほとんどの道が田んぼのあぜ道だった。半島の主要路であったソウル―義州間のみ、常に宗主国の清国の使臣たちが往来したため、唯一「道路」と言えるような状態であったという。

ところが、実はこの道路さえも始終、補修が必要であった。そのため、朝廷から地方へ補修費用を支出したのだが、実に費用の70%が地方官吏によって横領されていたという。

では、足りない補修費用はどうしていたのか。最終的には庶民や賎民、奴隷から強制徴収していたのである。当時の西洋人宣教師の証言を見てみよう。

個々の朝鮮人の生活は、常に公的に見張られていた。貴族でなければ、いつでも誰かわかるように自分の名前と住所を記載した平板を持っていなければならなかった。もし罪に問われ、ちょっとした口実で告訴されたら、たいてい怠惰で腐敗した裁判官と陪審員を兼務する郡守の前に連行された。被告人が罪を犯したと告白しなければ、拷問にかけられる。裁判所にはその目的のための大量の恐ろしい道具、こん棒、へら、足かせ、鎖、ロープ、手錠が備えられていた。不幸な囚人は、背中がぼろぼろに裂けるまで打たれるか、腕で吊り下げされるか、手を膝に縛られて転がされた。向う脛の骨をこん棒で折ることは、ありふれた拷問のやり方だった。1785年より前は、もっと恐ろしい処罰の方法が通常に行なわれていた。例えば、雄牛を使って体を引き裂くといった方法である。しかし、その年に新しい刑法が施行されたため、残虐な方法のいくつかは廃止された。現在もなお実施されている方法はかなりひどいので、白人はショックをうけるだろう。しかし、白人も、それほど遠くない祖先が、同じくらい残虐なことを行なっていたのである。

そのような政府のもとで、一般の民衆はかなり深刻に苦しんでいた。統治者たちは民衆に権利を与えるべきなどとはまったく配慮していなかった。まっとうに徴税されても充分重税だったが、不正によって徴税額はさらに倍になっていた。腐敗して無節操な役人は、無力な大衆からできるかぎり巻きあげていた。決められた給与が支払われることはほとんどなく、充分な給与が支払われることも決してなかったため、「搾取」が当然のこととなっていた。役人は、必要な金額を国に納めさえしていれば、それ以外のお金は自分のものにしても咎められることはなかった。この汚職のシステムが、様々な階級の役人を連鎖して、納税者へと達していたのだから、民衆の窮状は想像できる。家族のために充分な食い扶持が残っていたら幸運だった。

（『朝鮮はなぜ独立できなかったのか』アーサー・J・ブラウン、桜の花出版、2016年）

さらに、もっと悲惨なのは、いずれの河川にも橋がなかったことである。なぜか。

実は、朝鮮王朝以前にあった橋を、すべて取り壊したからである。朝鮮王朝は、高麗王朝を打倒して成立したのだが、その高麗軍の進撃を阻止するため、国王は橋を取り除くよう命じたのだ。幸い残っている橋もあったが、それは穴だらけで、暗い夜間にそんなことなどつゆ知らないで渡った人々が墜落、死亡するという事件が頻発したという。

ちなみに、韓国語で「橋」と人間の「脚」の発音が同音（いずれも다리＝ダリと読む）なのは、脚で橋を代用したからだといわれる。また毎年、川を渡りきれない溺死者が後を絶たなかったため、半島各地で巫女による「鎮魂祭」が行われていたという。

こうした橋の一件からも朝鮮末期、社会はまさに赤貧洗うがごとしの状態であったことをうかがい知ることができよう。

近代的シンボルである交通事情が改善されたのは、1894〜95年の日清戦争が契機となった。そのころから、朝鮮に鉄道が導入される。そして日清戦争後の1897年、日本はアメリカから全長38・9キロの「京仁線」（ソウル〈京城〉―仁川）の建設権を買い取り、1900年7月8日、全線開通に至ったのである。

これ以前は、ソウルから仁川まで馬車や徒歩で5〜6日もかかった。しかし鉄道開通以降は、2〜3時間へと大幅に移動時間が短縮されたのである。


韓民族の血を引く者として、私は当時の西洋や日本人、中国人、そして自国の知識人たちの朝鮮に対する評価、記録を読みながら、醜くて無能な祖先の姿に驚きを禁じえない。

イギリス人女性旅行家イザベラ・バードは1894年、初めて朝鮮を訪れ、以後4回も朝鮮各地を旅し『朝鮮紀行』（講談社、1998年）を執筆した。彼女の記録によれば、日本に比べて、朝鮮は没落し死にかけている国で、貴族から最下層まで改革に抵抗していたという。

「東洋人の悪癖である猜疑心、狡猾さ、不誠実さがあり、男同士の信頼はない。女は蟄居しており、きわめて劣った地位にある」とする。

文明度のバロメーターのひとつである清潔さについても、バードの意見を見てみよう。

「北京を見るまでソウルは世界で最も汚い都市だと思った」

「日本人は体と服が皆、清潔であり、朝鮮人は服の清潔には気を遣うが、体には関心がない。反面支那人は体も服もすべて汚い」

韓国人や中国人の耳には誠に痛いが、正鵠を射た指摘と言わざるを得ない。同じくイギリスの政治家コードンは、1893年に朝鮮を訪れたあと、こう書き記した。

「この小国は独立を維持するにはあまりにも腐敗し、独立を通じて利益を勝ち取るには、あまりにも衰弱している」

当時の西洋人エリートたちは、口をそろえて、朝鮮政府の無能ぶりと支配層の党派争いによって、朝鮮民族自らが国を改革することなど不可能だと〝診断〟している。しかも、1945年の日本の敗戦後ですらイギリスは、韓国の独立は引き続き不可能だと判断して、信託統治の方法を考案したのだ。

西洋人のオリエンタリズムの発露であり、アジアに対する差別だと一蹴するのは簡単だ。だが、では同時代の日本への惜しみない称賛や肯定をどうとらえるべきなのだろうか。

やはり、西洋人の朝鮮観は差別ではなく、彼らの力不足を早くから見抜いたゆえだと言わざるをえない。たとえばイギリスの新聞『タイムズ』は1911年、「現状から見て、朝鮮は決して独立できないし、そうであればロシアよりはむしろ日本に支配されるのがましだ」とまで断言していたのである。

日本に望みをかけた朝鮮人エリートたち

民族主義的な「知的欺瞞」やポピュリズムの偏見から脱して、冷静に朝鮮近代史を見てみると、日本に抵抗した「反日」よりも、むしろ日本に熱い羨望のまなざしを注ぎ、自国の希望を見出した朝鮮人のほうが多かったことが理解できる。

では、本書に登場する人物をはじめ、朝鮮のエリートたちは、なぜ日本の助けが必要だと自覚するに至ったのだろうか。

朝鮮のエリート知識人たちが日本に好感をもつようになるのは、大まかに言えば1884年の甲申政変《こうしん》のころであろう。その主な理由は3つ挙げられる。

ひとつ目は、これまで宗主国としてずっと朝鮮半島を圧迫、差別してきた清国の支配に嫌気がさしていたこと。ふたつ目は、朝鮮政府の無能さや劣悪な社会状況に失望していたこと。そして3つ目は、明治維新によって近代化転向に成功した日本が、改革の模範的モデルになると気づいたからである。

朝鮮近代化の先駆者は、なんと言っても金玉均《キムオッキュン》である。金玉均をリーダーとする若き朝鮮の開化派たちは、当時の情勢を比較検討した末、日本をモデルとして選んだ。

詳しくは第1章に譲るが、金玉均の精神的な師は福沢諭吉である。福沢の教えで、独立、自主の気高さを悟り、朝鮮近代化改革の構想を描き、そして甲申政変へと打って出たのである。「近代化運動の先駆」と韓国の教科書で高く評価されているこのクーデターは、実は日本の力に頼って実行に移されたのだ。

それまで、何度も守旧派によって、近代化がつぶされてきた。こうして判で押したような〝反改革〟に強く失望した韓国の改革派は、日本から学んでいるうちに、自然と日本を愛するようになったのだ。金玉均と同じく当時のすぐれた開化派知識人だった尹致昊《ユンチホ》は、1883～1895年に書き記した『尹致昊日記1巻』（延世大学校出版部、2001年）で、日本への熱い期待を次のように吐露している。


無能で暴政を行うことしか能がない朝鮮人の政府と、有能で搾取をしない日本人による政府のうちで選べと言うのであれば、私はためらいなく日本人の政府を選ぶ。

1910年に誕生した「日韓運命共同体国家」

そもそも、1876年の日本による朝鮮の開国から、近代日本と朝鮮半島は一種の「運命共同体」であった。これは、地政学的な意味だけではなく、精神的な意味からもそうだったと思われる。当時の朝鮮人は、そう言ってもいいくらい、日本人の文化、精神に親しみをもっていたのだ。いや、はるか16世紀末に起きた豊臣秀吉による朝鮮出兵に際しても、日本軍に積極的に協力し、日本軍の支配を心から歓迎した朝鮮人がいたという記録も存在する。ついでに言えば、1884年に甲申政変を起こした開化派リーダーの「親日」について、その当時、非難した人は誰もいなかった。

1884年の甲申政変、1894年の甲午改革、1895年の閔妃《ミンビ》殺害、1905年の第2次日韓協約、そして1910年の日韓併合……。日本が朝鮮半島で行ってきたことは「朝鮮の文明開化」であり、現在の韓国人が叫ぶ「侵略」では決してなかった。

近代日韓史を俯瞰してみれば、改革勢力は親日的で、旧態依然とした守旧勢力が必ず反日的であることが確認できる。ここから、明白にわかることは、韓国の教科書の記述や一般的な韓国人の主張は、実は民族主義的というよりも、むしろ守旧勢力の立場と同じ文脈で発せられているということだ。

さらに言えるのは、現在の韓国人の日本認識や反日思想は、本質的に100年前の守旧派レベルから進化していないということである。大韓民国という民主主義国家の国民でありながら、実は知ってか知らずか、前近代的な朝鮮王朝時代の視点から「反日」を繰り返しているのは、まさにアイロニーとしか言いようがない。

１９０５年、伊藤博文は朝鮮を清国から独立させた後のプランとして、朝鮮の自治独立を目標として考えていた。そして、高宗《コジョン》という朝鮮国王の無能さと、親日革命勢力の熱意の合作によって、日本と韓国は事実上、巨大な「合弁会社」をつくったと言っていいだろう。

これは、改革を望んだ親日改革勢力の勝利と言うにふさわしい。その後の１９１０年の日韓併合は、「日韓運命共同体国家」の誕生を意味したのだ。以来36年、韓国の近代国家としての成功から言っても、併合は韓国にとっては祝福であり、また、すぐれた選択であったのである。

結論として言えることは、朝鮮半島は結局、「親日」であることによって近代国家の成立に成功したということだ。「親日」こそ近代韓国史の終始一貫した主流である。だとすれば、朝鮮の近代史自体を「親日文明史」という視点で新しく書き直す必要があるのではないか。

韓国の親日派研究で著名な学者、林鍾国《イムジョングク》は、その著書『親日派』（御茶の水書房、１９９２年）で「親日は、ごく少数の思想の前科者以外、絶対多数が受動ではなく、能動であった」と述べている。実際、１８８４年から１９４５年まで60年のあいだに活躍した知識人を見ると、そのほとんどが「親日」であった。

金玉均、兪吉濬《ユギルチュン》、徐載弼《ソジェピル》、朴泳孝《パクヨンヒョ》、尹致昊、李完用《イワンヨン》、李容九《イヨング》、閔元植《ミンウォンシク》、裴貞子《ペジョンジャ》、李光洙《イグァンス》、金性《キムソン》洙《ス》、崔南善《チェナムソン》、羅蕙錫《ナヘソク》、崔承喜《チェスンヒ》、韓相龍《ハンサンリョン》、洪思翊《ホンサイク》、金錫源《キムソグォン》、孫晋泰《ソンジンテ》、玄永燮《ヒョンヨンソプ》、禹範善《ウボムソン》、白善燁《ペクソニョプ》、朴《パク》正煕《チョンヒ》……。

枚挙に暇がないほどずらりと続く。つまり親日なしで、韓国史は存在しないのだ。

韓国社会では、現在もこれら「親日者」の名簿を再三再四作成しては、血眼となって反逆者として断罪している。だが、その行為こそナンセンスである。「親日」が韓国の歴史そのものであり、また韓国人のアイデンティティなのに、それをいとも簡単に裁くのは、アイデンティティの歴史的断絶を意味する愚挙にすぎない。

むしろ、親日を安易に裁く発想から、親日を正史として肯定する発想に変わることのほうが、韓国人にとってよほど意味があることであろう。

だから、「親日は、ただ日本が好きなだけであった」くらいの視点がいいと私は思う。

「虚言・虚偽」で塗られた「抗日」

ここまで見てきたように、韓国の近代史が「親日史」であるのはまぎれもない事実だ。だが韓国では、「自民族が日本の侵略に勇敢に抵抗した歴史」にすり替えられている。ことに、歴史教科書では日韓併合後の項目に、「抗日義兵闘争」や「独立軍」「独立闘士」「抵抗」「抗日」などの単語をこれでもかと掲載し、日本帝国主義による悪辣な統治に対し、激烈な抗日運動を展開したと大げさに喧伝している。

たしかに「独立」は、ある種甘美な麻薬のように政治イデオロギー化して、人々を惑わすこともある。だが当時、実際に「独立」を叫んだ者は、守旧勢力であったことを勘案すれば、それは大多数の朝鮮人にとって意味がなかったのではないか。

たとえば、教科書で強調される「3・1独立運動」の真相は、いかなるものであったのだろうか。当初、事件に参加した独立運動家たちは、宣言書にサインして、それを読み上げた後、万歳三唱すると、すぐに警察に自首したのだ。これといって、特別「革命的」な行動を見せた者は誰もいない。

ただ、この運動が大衆の暴徒化にエスカレートしたため、警察の弾圧を受ける「事件」になってしまっただけなのだ。日本側がこの事件につけた「朝鮮騒擾《そうじょう》事件」「万歳事件」という名称が、何よりも事件の実態を表しているのではないだろうか。

韓国の教科書では、警察の無差別銃撃によって7509人が殺害され、1万5961人の負傷者が出たと、まるで大虐殺事件のように記述している。しかし、総督府の統計では死者は553人、負傷者1409人となる。実は韓国の教科書の数字は、「3・1独立運動」の現場におらず、上海に在住していた抗日運動家、朴殷植《パクウンシク》の『朝鮮独立運動の血史』（1~2、平凡社、1972年）に掲載された、伝聞のみのデータをそのまま転載しただけなのだ。現場の状況を詳細に調査して集計した総督府の集計のほうが、よほど真実に近いと思われる。

そもそも、大陸中国と半島の「水増し的誇張習慣」は、周知のとおりである。日本統治の残虐性を表現するために偽造された可能性が排除できない数値を、どこまで信用できるのか。疑問に思うのは私だけではないだろう。


抗日闘士の安重根《アンジュングン》が、韓国であれほどの英雄になれたのは、彼に「親日」という〝汚点〟がなかったからである。同時代、上海に設立された大韓民国臨時政府の金九《キムグ》、呂運亨《ヨウニョン》、安昌浩《アンチャンホ》、申采浩《シンチェホ》など主要メンバーですら皆、汚れた過去、すなわち親日や日本との不都合なつながりがあったから、安重根の「純潔無垢さ」が、よりいっそう珍重されたのだ。

独立運動の「大本営」とされる上海臨時政府を見ても、当時独立闘争に参加するため所属していた日本軍から脱走した張俊河《チャンジュナ》の証言によれば、誇大な宣伝とはあまりにもかけ離れた実態であったようだ。

閣僚11人のうち8人は老衰し、「倦怠《けんたい》と弛緩《しかん》に首まで浸かっていた」という。また、内部の派閥争いにふけり、酒色に溺れた現実は、張俊河をすっかり失望させてしまった。

結局、臨時政府も、ほとんど実績がないまま1945年8月15日の「光復」を迎える。臨時政府を支援していた中国国民党の中央組織部長だった陳果夫《ちんかふ》によると、「大した仕事もできず、士気は消沈していた」という。

韓国において独立運動家は、大変な尊敬と羨望の対象となっている。なかでも、満州で日本軍と戦った独立軍は人気がある。大学生が集会のときによく歌う独立運動の歌は、ほとんどが満州の武装独立軍を礼賛した内容である。たとえば、満州の独立軍は「地獄で苦痛を受ける」同胞を解放しようとしたというのだ。

だが実際、はたしてこのような「満州の独立軍」というものが存在したのか。そもそも、それすら疑問である。彼らの実態は当時、満州で組織された朝鮮人馬賊団であり、同胞の財産を奪い、殺人や拉致、強姦、放火など、治安を乱し犯罪を行った、盗賊団のような存在にすぎなかったと思われる。その行為においては中国人馬賊団との差はない。ただひとつ、異なるところは独立運動を語ったか否か、ということだけだ。

それなのに、戦後、韓国が独立すると彼らは大挙して帰国し、現在に至るまで抗日戦士、独立軍として社会的な尊敬を受け、政府から多大な恩恵を享受している。韓国政府が、「日本軍と戦いさえすれば、すべて独立運動」として認めるからである。これは、当時、朝鮮唯一の合法的な統治機関であり、朝鮮民族の全幅の支持を受けた朝鮮総督府を認めず、上海臨時政府だけを政府として認めるという、韓国の間違った「建国理念」がもたらした結果といえよう。

今日の韓国は、日本との合作でできていることを忘却してはならない。そして、前述のような

上海に設立された大韓民国臨時政府のメンバーたち。前列中央が安昌浩、同左が申采浩である。

〝犯罪者〟ではなく、日本と積極的に力を合わせて近代化の実現に努力してきた〝先覚者〟にこそ、最高の敬意を払うべきではないか。

本書は、日本はもとより、韓国でも正しく紹介、評価されてこなかった、激動の時代を生き抜いた人々の軌跡を追いかけていく。

そうした個人史を掘り下げることによって、知られざる功績が明らかになるとともに、真実の朝鮮史、韓国史もおのずと浮かび上がってくるだろう。祖国のために力を尽くした群像劇を、これから見ていこう。

第1章

日本をモデルにした朝鮮半島近代化の父

金玉均《キムオッキュン》（きんぎょくきん）

1851年2月23日～1894年3月28日
政治家、思想家。1872年、科挙に合格し官僚になる。その後、清朝の影響を脱し、日本をモデルにした近代化のために奔走。日本・朝鮮・中国の三国が互いに同盟を結んでアジアの衰運を挽回するべきだという「三和主義」を唱えた。1894年、上海で暗殺されこの世を去る。

日本との関係

1882年、日本に留学。福沢諭吉、井上馨、後藤象二郎から頭山満、大鳥圭介まで、多くの日本の政治家、思想家らと交流し、朝鮮に立憲制や近代商工業といった概念を輸入した。

韓国近代史上最初の革命家

幸か不幸か、韓国近代史には日本のように輝く人物はそれほど見当たらない。その理由は、中世的な思想や政治システムが長らく残っていたからだろう。しかしながら、金玉均は別だ。彼は朝鮮史における数少ない政治、思想の英雄と言えよう。もっともドイツの作家ブレヒトはかつてこう語っていた。「英雄のいない国が不幸なのではなく、英雄を必要とする国が不幸である」と。

19世紀後半の朝鮮は、中世的社会を近代に転向させるために英雄を必要とした。つまり、それほど朝鮮は危機的な状況に陥っていたということなのである。

ある意味で、金玉均はそのような「腐敗と悪弊、衰退の時代」が生んだ一大英雄であると同時に、「時代のいけにえ」だったと言えるのかもしれない。

金玉均に対する誤解や批判は多い。ただ純粋に業績を評価すれば、金玉均は韓国の独立と近代化という目標に向かって、中華思想のくびきから脱した近代国家日本に学び、連携して近代革命を成功に導こうとした卓越したリーダーであった。

彼の一生をキーワードでまとめると、「独立」「近代革命」「日本をモデルにする」、そして「日韓清三国の連合」となる。

とりわけ「日本をモデルにする」というのは、金玉均ら当時の朝鮮人エリートたちにとって唯一の〝道〟でもあった。

在日韓国人で近代史学者の姜在彦《カンジェオン》教授は、金玉均をこう評価する。

金玉均はまさしく、朝鮮の近代的改革をなしとげることによって、その独立自尊の道を切り拓くために献身した先覚者の一人である。その金玉均が、朴泳孝（引用者注：1861〜1939年。日本と深いつながりのあった政治家、実業家）の表現を借りるならば、『就新自立』つまり、国内を革新し、清国との宗属関係から独立することを標榜する開化派の指導者として、『守旧依頼』つまり、旧体制を固守し、清との宗属関係を持続する守旧派に対抗し、国土の側近から守旧派を除去して、新時代を切り拓こうとしたのが1884年12月4日の甲申政変であった。（『玄界灘に架けた歴史―歴史的接点からの日本と朝鮮』、朝日新聞、1993年）

では、金玉均とは一体どんな人物だったのだろうか。早速見ていくことにしよう。

「月は小さいけれど天下を照らす」

金玉均は1851年1月23日、朝鮮の名門氏族のひとつ安東金氏の出身。金炳台《キムビョンデ》と宋氏夫人のあいだに生まれた3兄弟（2男1女）の長男として生まれる。生まれながらに、白玉のように肌が白かったので父は玉均と名づけた。

幼少のころから神童として知られ、漢文の才は抜群であったそうだ。6歳のある日、父は金玉均に空に浮かぶ明月を指さしながら、「詩をつくってみろ」と命じた。すると彼はすぐ「月雖小照天下」という詩句をすらすらと書いてみせたのだ。

この意味は、「月は小さいけれども天下を照らす」。6才の子どもとしては野望にあふれた、凡庸ではない志をうかがわせる詩句といえよう。

21歳の若さで国家官僚を登用する科挙試験で「状元」と呼ばれる甲科のトップ合格を果たし、若き幹部として頭角を現す。すぐに「稀代の天才」と評された金は、22歳で宮中の文書の管理作成、儒学の研究、そして国王の諮問に答える機関であった弘文館《ホンムングァン》の校理（校長に相当）に就任。さらに、国王に政治の誤りを進言する機関である司諫院《サガンウォン》を経て、32歳では戸曹参判（大蔵省次官に相当）となる活躍をみせた。

やがて金玉均は、世界の列強や地政学について書かれた清朝の地理書『海国図志』などを熟読していくうちに開国、開化思想に開眼した。当時の朝鮮は政治思想的におよそ4つのグループが存在したといえる。

①金允植《キムユンシク》（政治家・漢学者）、金弘集《キムホンジプ》（のち総理大臣）など穏健的開化派
②金玉均、朴泳孝、徐光範《ソグァンボム》（政治家）などの青年エリートを中心とした急進的開化派
③閔妃（国王高宗の妻）、閔台鎬《ミンテホ》（閔氏一族）、韓圭卨《ハンギュソル》（のち総理大臣）などの閔妃守旧派
④興宣大院君（国王高宗の父）、李載完《イジェワン》（王族・政治家）などの大院君守旧派

金玉均ら若き急進的開化派は、当代随一の開化思想をもつ知識人で副総理に相当する官僚であった朴珪寿《パクキュス》門下で開国と開化思想を深めていく。

1875年、明治維新直後の日本は、ソウル近くの江華島で韓国軍の軍艦に砲撃する「江華島事件」を起こした。その後、日本政府は修好を求めて朝鮮に来たものの、大院君はこれを拒否。だが朴珪寿は大院君の政策に反対し、「拒否することで、日本に侵略の口実を与えるよりは、むしろ、その求めに応じ、さらに日本を深く研究すべきだ」と主張したのである。

そうした朴に学んだ金玉均をリーダーとする急進的開化派グループは、自らを「開化党」「独立党」と名づけ、他のグループを「事大党」や「守旧党」と呼んだ。現代風にいえば、金玉均を首班とした朴泳孝、徐光範、洪英植《ホンヨンシク》らによる開化党は、一種の「反体制」革命党である。

この開化党の特徴こそが、日本の近代化をモデルとして目指したこと。一方、当時の守旧派、いわゆる「事大党」勢力の閔妃体制は、日本よりも清国に傾き、清に依存したまま王朝体制を着実に守ろうと考えていたのである。

こうした情勢のなか、急進的開化派と穏健的開化派にとって、実際に日本モデルを学ぶことが急務であった。その当時、金玉均がめぐり会ったのが、開化党の指導者のひとりであった劉大致《ユデチ》に勧められて読んだ、官僚の魚允中《オユンジュン》による日本訪問記『中東記』である。

この『中東記』を通じて、金玉均は渋沢栄一たちが立ち上げた日本資本主義の実態や、福沢諭吉をはじめとする、すぐれた日本の知識人たちの存在を知ったのだ。

なお、魚允中と福沢諭吉を引き合わせたのは、李東仁《イドンイン》という開化派の僧侶であった。この李東仁は、韓国の歴史教科書において「親日売国奴」の典型として酷評されている。だが、実は彼の「日本つなぎ」の役割は非常に大きかったことを、われわれは忘れてはならないだろう。

李東仁は劉大致を通じて金玉均と出会った。そして金は日本を知るため、日本とつながりのある李を支援し、日本へと派遣する。１８７９年６月、李は日本へ密航し日本語を学んだ。そして１８８０年５月以降、駐日英国公使だったアーネスト・サトウと頻繁に接触し政治を論じ合った。その後も李は日本と朝鮮を往来し、外務省の要人や名士たちと親交し、福沢諭吉とも深く交流することになった。そのうえで留学生を日本へ送り、「親日派」の養成に力を入れたのである。

穏健的開化派の金弘集や、先述したように魚允中に福沢諭吉を紹介したのが李東仁であった。1880年6月、朝鮮からの外交使節である「修信使」の一員として来日していた金弘集と会い、政治、経済に対する識見を披露した。この識見を高く買った金弘集は、朝鮮朝廷に李の登用を推薦したのである。

李は、日本人の行動様式、身体的特徴や民俗風習に至るまで、金玉均に手紙を通じて知らせ、さらに大量の書物と資料を送った。

1880年9月、日本から帰国する金弘集一行とともに李東仁は朝鮮に帰国し、ランプ、石油、雑貨など日本製品を王室と友人にプレゼントしたのだが、これが近代史上、最初に朝鮮に輸入された日本製品でもあった。ソウルで李は日本公使館にも出入りし、1881年、「紳士遊覧団」と呼ばれる日本への視察団派遣の参謀的な役割を果たしたのである。

つまり李東仁は、日韓をつなぐ「民間大使」的な人物であったし、金玉均にとっては日本と自身をつなぐ「かけ橋」のような存在であったのだ。

金玉均は、李東仁からもたらされた情報や実際の文物によって日本への認識を深め、また、あこがれを募らせていった。そして、「日本を訪問してみよう」と決意した金玉均は、国王高宗を何度も説得したうえ、ついに紳士遊覧団の顧問として日本行きに同行することになったのだ。1881年12月のことであった。

ちなみに、李東仁は1882年5月、高宗の命で日本と軍艦購入の秘密交渉にあたったものの失敗し、その後、行方不明となった。一説によれば、金玉均との親しい関係を知った守旧派に暗殺されたという。やはり、李東仁も「時代のいけにえ」になったということであろうか。

金玉均が師の福沢諭吉から学んだもの

さて、あこがれの文明の中心地である日本の長崎へ上陸した金玉均は、遅れて合流する同じく急進的開化派の徐光範を待つあいだの1カ月、近代化した日本から貪欲に学び取ろうと、裁判所や地方議会、学校、各国の領事館などを訪問した。

そして徐光範と合流すると、神戸、大阪、京都を見て回り翌1882年3月6日、ついに東京へとやってきた。それからすぐさま訪ねたのが、福沢諭吉邸だったのである。

各種の資料の記録によれば、訪日したら必ず文明開化の巨人である福沢諭吉に会うべきだと強く勧めたのは、魚允中と李東仁であった。

福沢宅ではすでに、慶應義塾初の外国人留学生である兪吉濬《ユギルチュン》（開化派の政治家、朴珪寿の教え子のひとり）と柳正秀《ユジョンス》、そして『西国立志編』の著者である中村正直が開いた私塾「同人社」で学んでいた尹致昊が、福沢とともに金玉均の到着をいまや遅しと待っていた。

金玉均一行を温かく迎えた福沢は、自分の別邸に金を住まわせた。以降、日本滞在の5カ月間、金玉均は兪吉濬らとともに、一足先に近代化した日本の現状を熱心に目に焼きつけたのである。

福沢は、また積極的に金玉均に日本の政財界はもとより在野に至る著名人、大物たちを紹介した。主だった人物を挙げると、井上馨、大隈重信、伊藤博文、後藤象二郎、渋沢栄一、大倉喜八郎、副島種臣、榎本武揚、内田良平、頭山満といったそうそうたる面々だ。こうした、近代日本を作り上げたリーダーたちと出会い、議論し、交流を深めることによって、徐々に金玉均の頭に占めていた疑問が氷解していく。

なぜ日本だけが東アジアで近代化改革に成功したのか？

金玉均の脳裏から一日も離れなかったこのテーマは、日本の実情を実際に自身の目で見、自身の体で実感することによって、朝鮮の近代化への答えとなっていったのである。

福沢諭吉は、金玉均にとって異国の精神的な師として仰ぐ存在となった。

1882年、金玉均は朝鮮に帰国。そして『箕和近事』という本を執筆した。師である福沢との対談をベースに、1881年に日本を半年間視察しながら、その近代化の実情、自身の考え、そして激動の国際情勢のなかで朝鮮とその指導者の進むべき方向を提示したようだ。

ただし「したようだ」と伝聞調にした理由、それは、この本は残念ながら、実物が失われているからだ。だが、開化派の思想家で、国語学者の池錫永《チソクヨン》は、この本について朝鮮の進むべき道を描いたすぐれた書物だと激賛したとされる。

ともあれ、金玉均が師の福沢から教わったのは、「独立自尊」がなによりも大切な近代思想であったことだ。

ところが、韓国の教科書や歴史学界では、金玉均に対する福沢諭吉の影響について、ほとんど認めようとしない。あるいは、わざと看過する傾向すらある。これは、韓国人の近代史コンプレックスの表れであり、歴史認識を感情論で代替する限界を露呈している典型例といえよう。

福沢諭吉といえば「脱亜論」である。韓国では「脱亜論」の真意は歪曲されており、彼の評価の大半は「朝鮮・中国差別論者」というものである。

だが実は福沢は、日本の独立自尊、文明開化を唱えたように、朝鮮の「独立自尊」をもうひとつの大きな使命としていた。

１８８１年5月、「紳士遊覧団」が日本を訪れたとき、金玉均のみならず魚允中にも、福沢は世界情勢や文明開化、近代化に関する思想を教授している。

その魚允中の依頼によって、福沢は兪吉濬と柳正秀を三田の自宅で寄宿させ、慶應義塾の留学生として受け入れたのは先述のとおりだ。もうひとりの尹致昊は、同人社に推薦して英語を学習させることにした。このように近代朝鮮最初の留学生は、福沢によって誕生したのである。

のちに兪吉濬と尹致昊は、朝鮮王朝、その後の大韓帝国、そして日本統治時代を担う官僚、知識人として大きな歴史的実績を残す。

杵淵信雄は著書『日韓交渉史』（彩流社、１９９２年）において、「不幸なことに、韓国における日本の教師役は、往々にして疎まれ役にすぎない」としながら、「生涯の後半を朝鮮問題を論ずることに費やした福沢諭吉」と指摘している。福沢の朝鮮独立支援の具体的方策に、「文明主義」と「実物教示」というものがあった。「実物教示」とは、日本人と韓国人が共同生活して、朝鮮の独立を手助けするという方策である。福沢は自身が創刊した新聞『時事新報』の１８９８年４月29日付社説「対韓の方略」で、次のように説明している。

多数の日本人を移住せしめ、殖産興業に従事してかの人民と雑居し、交通接触の間に次第にその知識を開発せしめ、大に富源を開きて天与の利益をともにせんとするものなり。

日韓交流史を振り返ってみれば、福沢のこのアイデアは、のちの「日韓併合」という画期的方法で結実したのではなかろうか。先を見る目があった福沢は、日韓の未来を見事に洞察していたのである。１８８２年９月15日、福沢は同じく『時事新報』に寄稿した「金玉均の全貌」という論説で、金の人物を述べながらこう論じた。

我輩は必ずしも力を尽くして金玉均のために弁護するには非ざれども、日韓の交際日に繁多なるの時に際して、我日本の友たる可き者はかの開化者流の外に求む可らず、しかうして金氏のごときは党中の巨擘《きょはく》（引用者注：頭目）なれば、その平生の顚末を記して人の惑を解くは我朝野のために大切ならんと信じてあへてここに筆労を厭はざるものなり。

金玉均が福沢に教わったのは「独立・自主」の重要性であった。のちに金玉均は独立党の盟友とともに、親清朝派の勢力を追い出しを図った「甲申政変」と呼ばれるクーデターを敢行するが、これは朝鮮近代史上、最大の革命であったことは否定できない。まさに、「独立・自主」を目指したこの革命は、福沢の理念を具象化したものであったのである。

1882年10月、金玉均が再来日したときも、福沢諭吉は理論的指導と支援を惜しまなかった。このように福沢は、若き朝鮮の留学生や革新派リーダーに、熱い情熱を注ぎ込んだのである。

今朝鮮国をして我国と方向を一にし共に日新の文明に進ましめんとするには、大に全国の人心を一変するの法に由らざる可らず。即ち文明の新事物を輸入せしむること是なり。海港修築す可し、灯台建設す可し、電信線を通じ、郵便法を設け、鉄道を敷き、汽船を運転し、新学術の学校を興し、新聞紙を発行する等、一々枚挙す可からず。今我輩の考にては、今回の償金五十万円は実際軍費損害の五分の一に足らず、之を得たりとて我国庫の潤ふ可きにもあらず、之を失ふも固より惜むに足らざる零数金額たるを以て、一旦之を受取りたる後、更に之を朝鮮政府に贈与し、彼の政府が新事物輸入費の幾分を補助せんと欲するなり。

これは、金玉均の来日当時、福沢が『時事新報』（1882年9月8日付）に寄せた社説である。

まさしく、福沢が金玉均に教えたのがこうした方針である。また、そのためには日本と朝鮮は連合協力すべきであり、先進した日本が朝鮮近代化をリードすることを主張した。

前述したように、歴史は福沢が描いた青写真どおり、1905年の日本による保護国化、そして1910年の「日韓併合」へと進展する。

この意味で、福沢諭吉こそ、「朝鮮近代化の設計者」であったと言っても過言ではないのだ。

「三日天下」で終わった空前の武力クーデター

金玉均が師として仰ぐ福沢諭吉が、金に教えた鉄則は「退て守て我旧物を全ふする歟《か》、進で取て、素志を達する歟」であった。

つまり、進んで志を実現するための「行動力」の重要さを強調したのだ。

その意を受けた金玉均は、朝鮮改革に拍車をかけた。だが、ほどなく財政難に陥ってしまう。そこで金玉均らは、日本政府に300万円の借款を希望した。ところが、政治の実権を握っていた閔妃一派の妨害で頓挫してしまった。朝鮮の近代史は一種の「内紛史」であり、内部紛争で失敗するのが常であったといえる。開化派への圧迫を閔妃政権は緩めなかったし、また国王高宗は妻の閔妃ら守旧派に迎合して、賢明な政治的判断ができなかった。

一方、福沢たちの惜しみない思想的、財政的支援とはうらはらに、当時の日本政府の二転三転する対朝鮮政策に、金玉均はいらだちを覚えていた。こうした状況下、開化派にとって一大チャンスが訪れる。

1884年6月のこと。閔妃政府の後ろ盾であった清が、ベトナムの領有権をめぐりフランスと戦争を起こした。清仏戦争である。このため、朝鮮半島に駐屯していた清国軍の半分を戦場に派遣してしまったので、朝鮮に力の空白が生まれたのである。

当時、朝鮮弁理公使だった竹添進一郎は、金玉均に支援を約束し、クーデターをともに計画したのだ。金玉均にとっては、またとないチャンスであった。

そして1884年12月4日、開化派同志40余人と日本兵30余名で閔氏の守旧派政府を一網打尽にする武力クーデター「甲申事変」を敢行。その試みは見事成功し、翌5日、高宗の裁可で開化派は新政府を樹立したのである。当然のことながら開化派の青年が、新政府の中心となった。

金玉均は財務長官にあたる戸曹参判に、洪英植は副首相にあたる左議政に、朴泳孝は軍警長官にあたる前後営使兼左補将に、徐光範は同右補将に、軍務担当官にあたる兵曹参判には徐戴弼が任命された。

新政府は、14条項にわたる新政令を発布。その主要骨子は、朝貢の廃止といった清国からの主権独立、身分制度の廃止、租税制度の改革、警察制度の確立、行政機構の改革、官僚を選抜する科挙制度の撤廃、そして特権的支配階級である両班の解体などだ。これらの政令は、明らかに福沢諭吉の近代文明思想が濃厚に体現されている。

これは、朝鮮史上、空前の変革と言っても過言ではない。しかも、1911年に起こった中国の近代化を図る「辛亥革命」より、30年近くも前の出来事だったのだ。

だが、この近代朝鮮の新政府は、あっという間に瓦解した。閔氏政府の守旧派は清軍を介入させ、袁世凱率いる清軍1500余名はソウルに侵攻。日本兵も守備についたが、多勢に無勢で敗れ去る。洪英植らは清軍に殺害された。

こうして甲申事変は、いわゆる「三日天下」（実際は46時間）で失敗に終わったのである。

前拓殖大学学長でアジア近代研究者の渡辺利夫氏は、その著『新脱亜論』（文藝春秋、2008年）で、金玉均の甲申事変を「朝鮮近代化のラストチャンスであり、その失敗は日朝近代史を分かつことになったといっていい」と指摘した。私もこの意見に強く同意する。

さて、金玉均、朴泳孝、徐光範らは、竹添公使とともに、仁川にある日本公使館へと逃れた。そして竹添の尽力で、金玉均らは日本への亡命に成功する。

そのときから、金玉均は「岩田周作」という「日本人」として生きることとなった。1884年12月末に長崎から上京し、取り急ぎ恩師の福沢宅を訪問。九死に一生の思いでやってきた金玉均に、福沢諭吉は彼の手を取りながら「よくぞ生きていた」と語りかけた。金玉均は涙しながら、恩師である福沢の前で何も言えないままだったと伝えられている。

それから10年にわたる亡命生活が始まった。しかし、亡命者としての金玉均の日本生活は決して順風満帆ではなかった。祖国からの刺客に暗殺される危険性があるなか、日本の各地を転居しながら失意の日々を送った金玉均。その後、朴泳孝、徐光範らはアメリカへと渡っていった。金玉均はひとり日本に残り、捲土重来のときを待つことにしたのである。

朴泳孝は晩年、盟友の金玉均を回想しながら「金玉均の長所は交遊と文筆の巧みさ、詩文・書画いずれも秀でていた」とし、欠点は「徳義と謀略がない」と述べている。たしかに自由闊達な性格で、他人をよく信用し、あまり疑わなかった一面もあったようだ。このような性格が、災いを招く一因となることなど、金も朴も知る由もなかったのだが。

朝鮮の巨星、上海に散る

金玉均は、甲申政変から10年後の1894年3月、上海へと渡った。その頃、金はロシアの侵略を防ぐために「日本、清と朝鮮の連合」が望ましいと考えていた。そのため、清の政治、外交の中心人物だった李鴻章の養子で、当時、清国公使だった李経方と、よく会っていたのである。李経方は金に、清国は親日政策へと転換するという李鴻章の意思を伝えていた。金玉均は李鴻章の真意に関して半信半疑であったものの、この機を活用した開化派の再起を期待して、上海に行くことを決意したとされる。

ところが、実は金玉均の上海行きに対して、誰あろう福沢諭吉が反対した。彼の身の危険を案じてのことだ。また日本で金を支援していた頭山満や宮崎滔天らも同様の理由で反対したが、彼の決意を止めることはできなかった。

こうして上海へと向かった金玉均は、3月27日、上海中西学院で英語教師をしている親友の尹致昊と会い、天津に行って李鴻章に面会する旨を明らかにした。

だがその翌日、同行していた洪鐘宇《ホンジョング》の凶弾に絶命する。洪鐘宇は金の友人であったが、閔妃一族からその命を奪うよう指令を受けたテロリストだったのだ。こうして、近代革命のため生涯をささげた朝鮮の巨星は、44才で彗星のようにこの世から消え去った。

その遺体は朝鮮に運ばれたが、李朝の最悪の刑「凌遅《りょうち》の刑」に処された。遺体の各部位を寸断され、首と四肢は各地の道端にさらされたのだ。朝鮮近代史のリーダーのなかで、金玉均の死後、このような残虐非道の仕打ちを受けた者はいなかった。

朝鮮政府のこのようなやり方は、日本中で反朝、反清感情を惹起し、同年7月に始まる「日清戦争」の遠因のひとつにもなったとされる。

金を慕っていた甲斐軍治というソウルで写真店を営んでいた人物が、遺髪と服の片断をこっそり日本へ持ち帰った。そして、それらは東京都文京区の真浄寺に埋葬された。また、頭山満や犬養毅らの尽力により、青山霊園の外国人墓地に金玉均の墓が建てられたのである。

先述の青山霊園内の墓に、金玉均没後10年の1904年、犬養毅、頭山満、柴四朗らの支援で立てられた墓碑がある。

「金公玉均之碑」という碑銘が刻まれた墓碑は縦3メートル、幅1・2メートルの巨大なものであり、碑文には次のような一文が見られる。

「嗚呼、たぐいまれな才能に恵まれ、大変な時期に生まれ、すぐれた功もなく、無念のうちに命を落とし……」

金玉均の政治革命は「三日天下」で終わったものの、その近代化革命の先駆者としての功績と精神は、その後の朝鮮の進むべき道しるべとなった。

金玉均の成功を許せなかった元凶は、朝鮮の守旧派の頑固な伝統である、儒教を根幹とする因習である。一方で政治家、思想家としての金玉均は、日本亡命期、対清政策と対朝政策のあいだで揺れる日本政府に批判を加えていた。そして祖国朝鮮に対しては「中立国家」を主張し、日朝中の連合をもってロシア、そして西洋列強に対抗すべきという理念を唱えた。

金玉均は、本国の留学生に対して「日本がアジアのイギリスであれば、朝鮮はアジアのフランスになるべきだ」としきりに強調していたのだ。

金玉均の残したレガシーに「三和主義」と称する思想がある。彼は論文「興亜の意見」のなかで「日朝清は連合して西洋の侵略を阻止すべき」を提案した。

司馬遼太郎とも付き合いの深い、在日の朝鮮現代史学者である姜在彦は金玉均の「三和主義」についてこう述べている（前出『玄界灘に架けた歴史』）。

「凌遅の刑」でさらされた金玉均の首（右）と青山墓地に立つ「金公玉均之碑」（左）。

金玉均の「三和主義」は、朝鮮改革の問題を東アジア的視野からとらえた構想であるが、それが成熟したのは日本亡命中と考えられる。その具体的な内容については、かれが「日韓清三国が提携して欧米東漸の侵略を防退すべき事を論じ」た『興亜之意見』という一篇を草したことは確かであるが（『井上角五郎先生伝』一一七頁）、今日その所在は分からない。恐らくかれの上海行は、李鴻章にこの「三和主義」を説くことによって守旧派にたいするそのバック・アップを中止させ、朝鮮の自主的改革の道を切り拓こうとしたのであろう。日本勢力を利用して清国の内政干渉を廃除しようと考えてきたかれは、日本での亡命生活をつうじて、日本政府は開化派に友好的でないこと、恃むに足らざるを知ったからである。

「三和主義」が朝鮮と日清両国とを等距離におくことによって、朝鮮問題にたいする日清両国の介入を廃除し、自主的改革の道を切り拓くための外交戦略であった。李鴻章の説得にそれを賭けたのが上海行きであった。

19世紀末期に提起した金玉均の「東アジアの三和主義」は、今日東アジアの進むべき方向のひとつの思想的基盤となる考え方なのである。

第2章

朝鮮の未来を誰よりも深く考えた「売国奴」

李完用《イ　ワンヨン》（りかんよう）

1856年7月17日～1926年2月12日
1883年科挙に合格し、87年から3年間、アメリカに外交官として赴任。帰国後、国際派の官僚として頭角を現す。96年「露館播遷」を成功させ、外部大臣に就任。1907年、韓国統監伊藤博文の推薦で内閣総理大臣に就任し、10年、日韓併合に署名。1926年、死の直前には大勲位菊花大綬章を授与された。

日本との関係

初代韓国統監の伊藤博文と親交が厚く「生涯の師」と仰ぐ。また、孫を日本の学習院に留学させた。ただし李完用自身は日本語を話すことはなかったといわれる。

誰が李完用の功績を歪曲するのか

私の近代東アジア名士の遺墨(掛軸・扁額)コレクションのなかに、李完用の書幅が2点ある。李完用の書は「達筆」というレベルをはるかに超えて、「名筆」そのものである。大先輩にあたる金玉均の書よりも、さらに才気と芸術性あふれる筆致は、当時「東洋最高の名筆」といわれたそうだ。ことに彼の草書は自由奔放。既成の書法に拘泥しない肉太で流麗な書風は、一種の「龍飛鳳舞」(「龍が飛び、鳳凰が舞う」という唐の詩人、蘇東坡《そとうは》の言葉に発し、書の筆勢や書体が力強く躍動する様子を表す)の境地に達したと言っていいだろう。

1913年10月11日、大正天皇より、李完用が揮毫した書が欲しいという希望があった。当時の朝鮮総督である寺内正毅から、李完用の筆法がすぐれた名筆だと聞いた天皇は、寺内にその趣旨を伝えたという。

そこで、寺内は揮毫用の本紙を送ったところ、李完用は即日、「未離海底千山黒　纔到天中万国明」という14文字の詩文を揮毫し、日本の宮内省へと送ったのである(金明秀著『一堂紀事』、1927年)。

その大意は、もともと暗黒の海底のような天地であったが、天皇の皇恩で世界が明るくなったという、まさに天皇の威光をうたった内容であった。

李完用は漢文の教養はもちろんのこと、英語も自由に駆使できる近代朝鮮随一の政治家、文人的知性を備えた人物であった。

大変興味深いのは、現在、韓国における民族最大の英雄、安重根の書は5億ウォン（約5000万円）から数十億ウォンまでするが、李完用の書はたかだか30〜40万ウォンの値しかつかない。しかも、誰もがそれにつばを吐きたい、焼却して捨てたくなると言われる。つまり「ゴミ」以下なのだ。

その理由はカンタンである。李完用といえば教科書においても「親日」「売国奴の代名詞」として描かれ、そのイメージが一般国民のあいだにも定着しているからだ。もしも、彼の実像や功績を肯定しようとすれば、例外なく糾弾を浴び、「新・親日売国奴」や「新・非国民」として扱われるのが現状だ。

しかしながら、ひとつの問題がそこから浮かび上がってくる。韓国人は仮借なしに李完用を「親日売国奴」として罵倒し、その功績を卑劣なほど歪曲するが、果たして李完用はそれほどまでに悪辣きわまる「売国奴」だったのであろうか？

愛国、愛民の心で国を救った「大韓有数の宰相」

歴史を評価、認識するとき、現在の民族主義や偏向的感情を投射することは絶対に禁物である。韓国人の歴史に対する態度は、まさにこの民族主義的な感情を過去の出来事に投影して、生きてもいない時代を虚像で埋めることである。

実際、李完用が「親日」であったなら、具体的にいかに生き、そして、なぜ「親日」しなければならなかったかという「実相」を探るべきである。

今日の韓国人による「親日悪党の代表」というイメージとは異なり、当時の李完用に対する評価はきわめて肯定的で高かった。それを立証する一文を紹介しよう。

学のある政治家は何人もいないが、ときに心正しく自分の命以上に国を思う人がいることをお知らせしよう。何カ月か前に李完用が外部大臣であったときに、某国の外交官が大韓政府に対して、ある権利をわが国に与えよといった。大臣のなかには、その利権を外国人にやろうという意見もあったが、ひとり李完用は、大韓人民のために、外国人にそれをやることはできないと正々堂々と述べた。そのため、くだんの外国公使は李完用を嫌い不都合なことも多かったが、李完用氏は死をも恐れず、国のために正しいことをなすべきと考え、外国公使の叱責や、さる大臣の怒りを買いながらも、みずからの意見を曲げなかった。ことは李氏の思いどおりにならなかったが、彼は君主と人民に対してその責任を全うした。それゆえ私たちは李氏を大韓有数の名宰相であると考える。

これは、1897年11月11日付『独立新聞』の「大韓有数の宰相」と題した論説の一部である。『独立新聞』は、金玉均らによる甲申政変の失敗後、日本亡命を経てアメリカへと渡った徐戴弼が帰国後、国民に独立思想を啓蒙するため1896年4月に創刊した韓国最初の純ハングル新聞である。この『独立新聞』が、李完用のことを「大韓有数の宰相」だと高く評価したのだ。さらに、もう少し『独立新聞』に掲載された李完用評を見てみよう。

李完用学部大臣は、ひたすら愛国愛民の心をもって国を救い国民を救い、国の利権を外国に奪われないようにするべく努めたが、敵をつくってしまい、結局は終始敬愛していた大君主陛下（引用者注：国王のこと）の元を離れて、平安南道へ観察使として赴くことになった。観察使の職務もまた重要な職務であり、王と民を愛して仕事をすることにおいて、中央政府ほどではないが責任は重大である。朝鮮を愛し朝鮮大君主陛下に忠誠心ある人びとは、みなこの大臣が政府から出ていくことを残念に思った。

こちらは、1897年9月1日付の『独立新聞』の論評だ。このように李完用は外部大臣、学部大臣在任中、愛国、愛民の心で、農民と国の主権を守るため努力した、すぐれた愛国政治家であったと、見なされていたのだ。

「チェンジ」の本質を理解していた近代の文人

韓国人は「李完用」と聞くと、嘲笑いながら「あ～、あの売国奴」というような、侮蔑的な態度をとる。だが、実際、李完用の人物像について訊ねると、ほとんど答えられない。

だが、李完用に関する文献や伝記を読めば、彼が稀代の英才であり、漢文的文才と高い英語力、そして国際的な知見を兼ね備えた人物であったことがわかる。1999年に韓国で出版された尹徳漢氏の『李完用評伝』は、比較的公正、客観的立場で書かれたすぐれた書物である。また、こちらは戦前の本となるが、1927年に書かれた李完用の秘書、金明秀による『一堂紀事』も李完用を理解するための好著といえよう。

これらによれば、李完用は「性格は思慮深く、意思は強く、冷静沈着、機敏、そして果断」であり、日本人たちも第2次日韓協約、日韓併合などの「難題」を果敢に決断した李完用の「意志」を高く評価していた。

李完用は私生活の面で当時はもちろん、現在の基準で見ても、きわめて健全であった。酒色を好まず、唯一の趣味といえば読書と書道。伝統的な東洋の文人趣味である筆と墨、紙といったいわゆる「文房四宝」と書物収集にふけっていた。居室に、これらの収蔵品を陳列してながめるのが好きだったようである。彼は自分の日常的趣味をこう告白した（前出『一堂紀事』）。

私は生涯、退屈を知らない。本と筆と墨が私の友である。これらの友とともに、楽しむのだから、何が無聊だろうか。

このように李完用は、理知的で、あらゆることに対して緻密に考える人物であった。その反面、時代の変化に迅速に適応する「変易」こそ、李完用の人生哲学であった。李完用は1887年から3年間、アメリカで勤務していた。だが前出の『一堂紀事』によれば、李は、アメリカの文明にあこがれてアメリカで勤務したのち、親米から親日に転向したと言いながら、「天道と人事にしたがって変易しなければ、実利を失い、最終的には何も成就できない」と、その変異は単なる風見鶏的な行動ではないことを、はっきりと述べている。

現在の言葉で表現すると、「変化」「チェンジ」「変革」といったところだろう。李完用は21世紀の現代人が使う「チェンジ」の本質を、19世紀にすでにしっかりと理解していた英才であったのである。

私は、近代的「個人」としての李完用は、きわめて理性、冷静な英知に満ちた人物だと考える。

近代の怒涛のような情勢変化のなかで、朝鮮王朝が自主的に「変易」「チェンジ」するのが不可能であれば、素早く日本にモデルを見出す方向へと路線をチェンジし、その文明を吸収すべきだと、李完用は臨機応変に考えたのである。

〝相思相愛〟だった伊藤博文と李完用

さて、遅まきながら李完用の生い立ちを探ってみよう。

『一堂紀事』の年譜によると、李完用は1858年、京畿道広州の学者の息子として生まれた。6歳のころから伝統的漢文教育を受け、村の神童と呼ばれたという。

10歳になると、ソウルの李氏本家である李鎬俊の養子に入る。この李氏は当時、国王の高宗に信頼され、朝廷に強い影響力をもっていた高名な人物であった。そんな養父の下におり、しかも才能あふれていた李完用は、自然と出世の道が保証されたのである。

1882年、特別科挙試験に合格すると、李は歴代王たちの詩文や書を保管し、史籍を刊行する「奎章閣《キュジャンガク》」の官吏、そして王子を教育する官職の侍講院司書として朝鮮王朝の政界デビューを果たす。

さらに1886年、貴族学校の「育英公院」に入学し、英語と世界の地理、歴史など当時の最先端の学問を習得。そして1887年から90年までの3年間、先述のようにアメリカ公使館に若き外交官として勤務したのである。

1890年、アメリカから帰国した李完用は、その国際的な見識と人柄が買われ、李氏朝鮮の最高教育機関である「成均館《ソンギュングァン》」、法律をつかさどる「刑曹」、工業庁にあたる「工曹」、そして文官の人事庁である「吏曹」などの高官を歴任する。

やがて1895年に閔妃暗殺事件（乙未《いつび》事変）が起こると、その混乱が冷めやらぬ翌年、国王高宗がロシア公使館に逃げ込む「俄館播遷《がかんはせん》」（露館播遷ともいう）を主導し、その功で外部大臣兼農工商工部大臣へと昇進した。

そのとき、李完用はアメリカ留学経験のある徐戴弼らとともに、韓国近代史上最高の愛国団体といわれる「独立協会」を結成し、初代委員長に選出されたのである。

ここで言う「独立」とは当時、日清戦争で勝利した日本が「下関条約」によって、朝鮮を清国の属国という立場から独立させたことを指す。朝鮮の独立自立を世界に宣伝するための組織として結成されたこの独立協会を、物心両面で率いたのが李完用だった。

ちなみに、現在のソウルにある独立門に刻まれている「独立門」の3文字を揮毫したのは、李完用である。この独立門について、いまの韓国人のほとんどが「日本からの独立」として認識しているが、実際には清国の冊封体制からの「独立」を祝してのものである。この場所にはもともと、清国の従属のシンボルとなっていた「迎恩門」が建てられていた。それを日清戦争後の1896年に打ちこわし、翌年、独立門が完成したのである。韓国の歴史教育の「知的欺瞞」が、いかにはなはだしいものなのか。この一例だけでも、十分理解できるであろう。

話を李完用に戻す。

1897年に学部大臣に就任した李完用は、「教育救国」という理念を掲げ、近代教育の改革を行い、小学校令を公布した。近代地理、世界史などをカリキュラムとして取り入れることを定めたこの小学校令は、韓国近代史上最初の近代的初等教育の義務化という大変重大な意義をもつ。

実はこれまでは、両班の子弟用の学校しか存在しなかった。だが、この法令を基に、師範学校教育や近代学校がソウルをはじめ朝鮮各地に誕生したのである。在任4カ月のあいだで、李完用は韓国教育史に画期的な功績を残したのだ。

その後1905年、韓国の外交権を日本が奪ったとされる第2次日韓協約（韓国では乙巳〈ウルサ〉条約）の調印に賛成。1910年には大韓帝国の総理大臣として、日韓併合条約に署名する。

不幸なことに、1905年の第2次日韓協約の締結によって、李完用は李根沢《イクンテク》軍部大臣や権重《グォンジュン》顕《ヒョン》農商工部大臣ら4人の大臣とともに「乙巳《いっし》五賊」として、親日売国奴の頭目というレッテルを貼られることになる。そして日韓併合で「親日派」の代表としての地位が揺るぎないものになってしまった。だが韓国の歴史学者である崔基鎬《チェギホ》は次のように、李の行動を評価している。

「1910年8月22日、李完用が総理大臣として日韓併合条約に調印したのは、朝鮮の専制王制が最後まで文明開化を拒み、過度な浪費で極貧と飢餓に疲弊する民族を放置していることを見かねて、日本の全面的協力を得て民族の再興を期するためであった」

近代朝鮮史において、李完用は金玉均に比肩しうる人物である。また、両者ともに日本を朝鮮近代化のモデルにしたという、政治的、文化的な共通点もある。

しかし、ひとつだけ異なる点がある。金玉均の師である福沢諭吉と、李完用の師である伊藤博文との関係性の違いである。福沢は金にとってあくまで精神、知識面での師匠であり、彼を支援するために朝鮮に来ることはなかった。ところが、それに対して伊藤は朝鮮に赴任し、李完用を実際に手助けしたのである。

李完用は晩年、伊藤のことを「伊藤公は、私の恩師である」(『一堂紀事』)と語ったように、心から尊敬してやまなかったし、1909年10月26日、〝義士〟安重根により伊藤の命が奪われた事件に対して、誰よりも衝撃を受けて失望したのは李完用であった。彼は伊藤の該博な知識と雄弁さ、洞察力、指導力に心からあこがれていた。伊藤も韓国政界のなかで、李完用を誰よりも高く評価し、信頼していたのである(尹徳漢『李完用評伝』)。

前述のように伊藤は初代韓国統監として朝鮮に渡り、その近代化を現地で主導した。この伊藤の役割について、伊藤之雄京都大学教授は次のように説明している(『伊藤博文と韓国統治』伊藤之雄、李盛煥編著・ミネルヴァ書房)。

国民国家を作り、帝国主義政策を行うという近代化をしなければ、独立国家として存続できないという状況下で、伊藤には韓国が国民国家になる道筋が見えなかった。この韓国に対して、伊藤は日本主導の近代化、韓国における国民国家の形成を目指したのである。

伊藤は、実は韓国人の可能性について期待していた。1906年10月、訪韓した新渡戸稲造に「朝鮮人は才能においては決してお互いに劣ることはないのだ。然るに今日の有様になったのは人民が悪いのではなく、政治が悪いのだ」と語ったように、朝鮮改革の夢を抱いていたのである。伊藤の思想の根底にあったのは「文明」であり、彼は自分自身が日本国民を文明国の一員となるよう啓蒙、指導し、その結果、日本を国民国家につくり上げることができたと自負していた。そして、同じことを韓国でも目指したのである。つまり、伊藤は朝鮮への「文明の伝道師」を自任していたのだ。では伊藤が言う「文明」とは何か。それは「西洋近代の民本主義、法治主義、漸進主義（緩やかな改革主義）」という3要素であった。伊藤のこのような思想が、当時の朝鮮エリートに強く受けたのである。

無論、李完用もそのエリート群のなかのひとりだ。1905年、伊藤が初代韓国統監として、朝鮮に渡った時点で、李完用は「親日」へと傾斜していた。日露戦争の日本勝利がきっかけと言われる。伊藤から信頼を得た李完用は1907年、総理大臣に抜擢され、さらに1910年、伊藤死後に完成した「日韓併合」においても、主導的な役割を果たしたのである。

　このような親米、親露から親日への「チェンジ」は、李完用にとって自然な「革命」だったと言えよう。韓国の歴史学者たちは李完用の「売国」を強調し、また彼の〝変節〟をカメレオン的機会主義者として糾弾するのだが、実は、このような変節は、韓国近代史における対外政策の縮図でもある。日本との併合という大きな「チェンジ」は、祝福すべき新時代を切り拓いたのではなかったか。

「真の売国奴は高宗である」

　現在のナショナリズムの視点から見れば、国家の主権を売ったとされる「乙巳条約」や「韓国併合」の主導者を「売国奴」として指弾することは当然であろう。

　しかし、繰り返すが本当に李完用は「売国奴」であったのだろうか。実は、その真相に光を当てた1冊の書籍が2020年12月、韓国で出版されて話題となっている。朴宗仁《パクジョンイン》という歴史家が書いた本で、タイトルはずばり『売国奴高宗』。その帯には「亡国の根源、高宗の実態を告発する！腐敗した政権、崩壊した国防、激増する税金、そして苦難の農民……。真実から目を背けると恥辱の歴史は繰り返す！」とある。

　これまで韓国では、「高宗は乙巳条約に反対した」という神話が、まるで歴史の真実であるかのように広く定着していた。

だが先述の朴宗仁は文献や証言を発掘し、その著書で「高宗が日本から収賄（2万円）して、朝鮮王朝を維持するために国を日本に売った」との結論を下しているのだ。

さらに、自身ではなく李完用などの大臣に命じて、条約に署名させたという。

アメリカの副領事ウィラード・D・ストレイトも「高宗皇帝は外務大臣に条約に署名せよと指示して、自分が指示したのではないように指示を追加した。仕方なく外務大臣がすべての責任をひっかぶった」と証言している。

また、当時朝廷内外から高宗を訴える上訴が多数あった。内務主事を務めていた盧奉洙は「先王の国の版図を日本に譲渡し、祖宗が残した農民を日本に捕虜として渡すつもりなのか。国土と農民は太祖高皇帝が辛苦の末ようやく設けたものであり、陛下の個人所有ではない」と高宗を批判したという。

『高宗実録』（1934年）という書籍によると、当時「乙巳五賊」とされる李完用など5人の大臣が締結交渉自体を拒否すべきと訴えたのに対し、高宗は「そうではあるが、私はすでに署名の意志を表明したので、善処をたのむ」というように、つまり自分の意志に従えと李完用たちに命じたのである。

さらに、驚きの新事実がある。韓国で愛国事件として大きく喧伝されている1907年の「ハーグ密使事件」。従来は、高宗が外交権回復を直接国際社会に訴えるため、李相卨、李儁、李瑋鐘の3名を密使として、オランダのハーグで開催されていた第二回万国平和会議に送り込んだと

乙巳五賊の面々。
(上左)李完用
(上中)李根沢軍部大臣
(上右)権重顕農商工部大臣
(下左)朴斉純外部大臣
(下右)李址鎔内部大臣

されてきた。だが、実は密使を派遣したのは高宗ではないというのだ。
さらに、李瑋鐘がハーグの講演で話した内容が衝撃的である。

残忍な前政府の虐政と腐敗に耐えられなくなったわが韓国人は、日本人を希望と共感で迎えた。われわれは、日本が腐敗した官吏たちに手きびしい基準を適用して、万民に正義を体現し、韓国政府に率直な忠告をすると信じた。われわれは日本がその機会を活用して、韓国人に必要な改革を行うと信じる。

実は右の個所は、韓国では都合が悪いと判断されて、わざと削除されたという。高宗政権のまさに不都合な真実であろう。

このように、高宗にせよ韓国政権王朝にせよ、自ら日本の力を借りてきたのが真相である。後世の人たちが好き勝手に歴史を歪曲したり、現在の視点からのみいくら議論をしたところで、真実はただひとつ、「日本が必要だったのは、むしろ朝鮮人のほうであった」ということに尽きる。

いまも韓国の歴史学者たちは「高宗が反対し、批准していないから日韓協定は『無効』だ」という主張を唱えているが、それはナンセンスである。もちろん「乙巳五賊」という用語も非合理、非理性、非現実的であることは、認識しなければならない。「売国奴の代名詞」として、韓国社会で子どもでさえも知っている、李完用、李根沢ら5人の大臣は、前述のとおり、ただ高宗の命令でこれに賛同しただけなのだ。

さらに、李完用が1910年の「日韓併合」に協力したことで、朝鮮は「亡国」に追い込まれたとするが、それも事実ではない。「亡国」した「国」とは李氏王朝というひとつの王室、しかも腐敗した無気力な王朝でしかなかったのである。

中国でいえば、腐敗した清朝が「辛亥革命」によって倒され、中華民国として生まれ変わったのと同じである。当時、李完用は「日本が必要であったこと」を現実的な状況とともに説明した上訴文を書いている。

「新条約（引用者注：日韓協定のこと）の主な趣旨は、独立の呼称も変わっておらず、帝国という名称もそのまま存続しているので、国家は安寧で、皇室も存立している。ただ外交上のひとつの問題を、しばらく隣国に任せただけであり、わが国が将来富強になれば、権利を返還させる日が来ると思われる」

つまり李完用はいまは大韓帝国は貧弱だが、将来日本の力を借りて富国強兵ができれば、国権を回復できると論理的に考えていたのである。

なぜ「韓国独立説」は虚しいのか？

李完用にしてみれば、李氏王朝こそ亡国の原因であり、だからこそ日本の力を借りて改革し、近代化を成就することは必然であったといえる。

しかも、前近代的な儒教ベースの保守思考にどっぷりとつかった当時の大衆を啓蒙し、歴史的な社会転換を成し遂げることは、イコール「売国奴」という汚名をかぶせられること必至であると、李完用は承知のうえで、伊藤博文に誰よりも協力したのである。

このような宿命的な過去を、現代人が単純に「愛国VS売国」の二分法で論じることは、非常にナンセンスなばかりでなく、危険なことでもあろう。

はっきり言えば、１９０５年の伊藤時代から１９１０年の寺内正毅総督の治政を経た１９１９年までの14年間、朝鮮は「独立不可能」であったことを自ら証明したかのように、日本統治下で空前の近代化が進められていったのである。

１９１９年3月1日に起こった「３・１独立運動」は、近代史上数少ない「抵抗」のひとつである。教科書でも大きく取り上げられている一大事件だが、第1章にも登場した、当時の朝鮮の知的リーダーのひとりである尹致昊は、3月8日付『毎日申報』のインタビューで「朝鮮の独立は現状では不可能であり、たとえ独立したとしても、独立を維持する能力に欠けている」と主張した。

李完用も、3・1独立運動の民族代表になってほしいとの依頼をされた。しかし、李完用は「皆、私を売国奴、民族反逆者と罵倒するのだから、いまさら独立運動に参加したとして、私は愛国者となれるか」と一蹴したのである。

3・1独立運動の際、穏健的開化派の金允植らが総督府に朝鮮独立を要求する願書を送った事件に対して、李完用は「これは朝鮮民族を消滅させる行為だ」と嘆き、ただちに総督府の長谷川好道総督に、その悪影響を全国に波及させないよう建議した。さらに李完用は、3回にわたり警告文を『毎日申報』に発表した。1回目はこのような内容である。

「朝鮮独立という扇動は虚言であり、妄動であることは多言を要することではないにもかかわらず、無知蒙昧で幼稚な輩が妄動し、各地で治安を妨害している。これで当局が即刻厳重に鎮圧行動に出たら、どうするのだろうか」

2回目の警告文では、自らを「売国奴」と表現しながら、民族保存論を唱えたのである。そして5月29日、李完用は3回目の警告でこう主張した。

私がもうひと言言いたいのは、独立説が空しいものであることを私たちがしっかりと悟り、朝鮮民族の将来の幸福を祈ることである。現在のように国際競争が熾烈な時代に、この30

00里（引用者注：朝鮮の1里は日本の1里の10分の1であり、南北に1200キロメートルある朝鮮全土のこと）にすぎない領土と、あらゆるものが不足している1100余万の人口をもつ私たちが独立を唱えることがいかに空しいことか。併合からこの10年間、総督統治の実績を見れば、人民が享受した福祉が多大なものであることは国の内外が認めるところだ。地方自治、参政権、集会と言論については、朝鮮人の生活と知識の程度に応じて、正当な方法で要求するなら同情を集めることができる。いま私たちに迫られているのは、独立ではなく実力を養うことだ。

李完用による、このような独立は不可能であり、日本の力を借りて近代化の実利を得るべしという主張は、伊藤博文の「文明的政治」の理論を下敷きにしたものである。

また警告文にあるような参政権の要求と実力を養うという考えは、のちに展開される「実力養成運動」の基盤となった。そして3・1独立運動以後、そうした考えが長谷川の後任である齋藤実総督を突き動かし、武断統治からやわらかい文化統治へと、日本も方向転換することへとつながったのだ。これ以降、日本の朝鮮統治は安定した近代化の建設と、朝鮮人の政治的差別をなくす黄金時代に入るのである。

「75年後には、李氏姓をもつ日本の内閣総理大臣が生まれる」

李完用は日韓併合前後から亡くなるときまで、朝鮮王室（李王家）と朝鮮社会、そして日本の総督府当局にもっとも影響力のある人物であった。合併以前の高宗、そしてその息子で大韓帝国2代目にして最後の皇帝である純宗《スンジョン》からも厚い信頼を受けていたし、韓国統監から朝鮮総督へと移り変わる、初代伊藤から中継ぎの2代目曾禰荒助を経て、寺内、長谷川、齋藤という3大総督からも信頼され、そして尊敬された政治家であった。

日本人は、李完用を通じて朝鮮貴族の文化に接した。はっきり言って、その教養レベルの高さから人品、見識、そして紳士的風貌に至るまで、盧武鉉《ノムヒョン》や文在寅《ムンジェイン》ら100年後の現在の韓国の大統領は、はるかに及ばない。それなのに、そうした後世政治家たちが、先覚者である李完用を好き勝手にナショナリズムのおもむくまま非難するのは、まさに朝鮮史のアイロニーというよりほかにないのではなかろうか。

3・1運動後も李完用は、依然として社会の中心人物として活動した。60歳を超えて京城都市計画研究会副会長、朝鮮史編修会顧問といった重職を歴任するなど、36年間の日本統治時代で李完用のように広範囲で社会に貢献した朝鮮人は存在しないだろう。

李完用はその功績により、朝鮮総督府から総督府中枢院副議長に任命され、その恩賜によって莫大な財産を手に入れた。

そして、日本に留学させ学習院に入学することになった孫の李丙吉《イビョンギル》に、李完用はこう言った。

「これから75年後には、李氏姓をもつ日本の内閣総理大臣が生まれるだろう」

李完用は、日本統治下の朝鮮は富国強兵の道を歩み、やがては朝鮮人でも日本の総理大臣になれるという将来を夢見ていたのだ。

李完用は、金玉均に比較して幸運な人物といえる。１８９４年、43歳で暗殺された金に対し、李は１９０９年、朝鮮青年の李在明《イジェミョン》に刃物で刺されるが幸運にも一命をとりとめた。そして１９２６年2月11日、69歳で静かに人生の幕を下ろしたのだ。

死の直前、大勲位菊花大綬章という戦前では李王家以外もらった人のいない最高の勲章を授与された。１９２６年2月19日付『毎日申報』によれば、李完用の葬儀は１９１９年に行われた高宗の国葬以降、最大の参加者を集めた壮観なものだったという。同紙では「生前の栄誉が死後につながる大葬儀」と表現された。

没後１００年近くになる現在も、李完用は韓国で親日売国の頭目とされるという屈辱のなかにいる。２００７年、李完用が子孫に残した財産を、国家が没収することも決定された。

このように李完用の悲劇は、21世紀になっても終わらない。だが、実は一韓国人の過去が作為的に歪曲されたことこそが、朝鮮半島にとって本当の悲運なのである。

第3章 日韓合邦と祖国独立の夢破れた悲劇の「国士」

李容九《イヨング》（りようきゅう）

1868年1月21日～1912年5月22日
政治家。早くに父を亡くし極貧の農家で育つ。1890年、民間宗教組織である「東学」に入り、94年の東学党の乱に参加。その後1904年に日韓合邦を標榜する一進会を設立し、日本と韓国の対等合併を目指す。1912年、日本の神戸で死去。

日本との関係

1901年に来日。黒龍会の内田良平と親交を深める。また、日本人僧侶の武田範之を一進会の顧問に迎えた。日韓合邦実現のため、伊藤博文や寺内正毅らと交渉する。

歴史に埋葬された悲運の志士

李容九という人物をご存じだろうか。

端的に言ってしまえば、第1章で紹介した金玉均、前章で人生を見た李完用同様、「稀代の親日売国奴」の代表格として、韓国でその人生、人格が歪曲され、侮辱されたまま、真実が闇に葬り去られた「大日本帝国の手先」である。

しかも、1868年生まれと、彼らのいわば〝後輩〟にあたる李容九の人生は、より苦難に満ちたものであった。

李完用は貴族のエリートコースを歩み、常に政府の中枢にいたが、李容九は幼いころに父と死別した極貧の農民一家の出である。その分ハングリー精神が強かったため、下層階級から何とか這い上がろうと奮闘努力し、後述する「進歩会」や「一進会」という民間政治団体の指導者ともなった。

さらに、彼は一介の民間人であるにもかかわらず日本の明治維新の意義を早くから理解し、それを韓国でも引き起こそうと活動したのである、貴族の出身で政治エリートとして物心ともに満ち足りた人生を歩んだ李完用とは対照的に、李容九は朝鮮農民の辛苦を実体験し、その経験から一般大衆を救い出すべく、純粋に日本との対等な連邦である「韓日合邦」（併合ではない）による、日韓一体となった近代化を目指したのである。

つまり、両班階級だけでなく、一般の人のあいだでも日本をモデルにして、あまつさえ日本と連邦制度を組もうという考えが存在したことは、否定できない事実だということだ。

だが、その動きだけをとらえて「朝鮮に李容九あれば、中国に汪兆銘《おうちょうめい》あり」という言葉も生まれた。日清戦争中、平和不戦路線をあえて選んだ国民党幹部だった汪兆銘は、日本と妥協し合作政権、いわゆる「南京国民政府」を樹立した。しかし、蔣介石率いる国民党政府によっても、さらに毛沢東の中国共産党政権によっても、「親日売国奴」「民族の反逆者」というプロパガンダ攻撃にあい、その功績は歴史のなかに埋もれてしまったのだ。

李容九も、同胞によって「親日反民族罪人」として徹底的に〝抹殺〟されてしまう。その意味において李は、まさに「朝鮮の汪兆銘」となったのである。

李容九本人にとって、さらに悲劇的だったのは、本国の同胞はもとより、あれほど信じ、愛してやまなかった日本からも裏切られ、冷遇されたことだ。

その死後、日本政府は勲一等瑞宝章を贈り、その業績を知る人たちからは、「朝鮮の志士」「同士」として尊敬されているのが、せめてもの救いなのだろうか。

「反日」青年から「親日」への転向

李容九は1868年、慶尚道の田舎の貧困な農民家庭に生まれた。13歳のときに父を失い、学問を志向したが挫折。22歳となった1890年に東学に入教した。

東学とは1860年に崔済愚《チェジェウ》が創設した新宗教のこと。名称は西学、つまりキリスト教に対して東の国である朝鮮で道を興すという意味で、儒教、仏教、土着信仰などを混ぜ合わせた、きわめて民族主義的な性格の色濃い宗教団体であった。

李容九は東学の第2代教祖であった崔時亨《チェシヒョン》の時代に入信し、のちに崔の後を継いで第3代教祖となる孫秉熙《ソンビョンヒ》などとともに、崔の高弟となる。

1894年、朝鮮の暴政に苦しむ農民を救うことを目指した、同じく東学の幹部であった全琫準《チョンホンジュン》による「東学党の乱」（甲午農民戦争）が勃発。瞬く間に反乱軍の数は膨れ上がり、政府軍を各地で打ち破ると、閔氏政権は清に助けを求める。それを知った日本も、朝鮮に軍を派遣。そこで両軍が対峙し続けた末に、武力衝突が起こり日清戦争へと発展していった。

ここで重要なのは、東学党の乱というのは、朝鮮政府に対する反抗だけではなく、清軍を駆逐したあと、日本軍とも武力闘争した「反日」的な意味合いが非常に強かったことだ。この流れに沿って、李容九も乱に参加していた。つまり、李は当初、反日青年だったのである。

では、なぜ「反日」から「親日」へと転向したのだろうか。それは日本と直接出会ったからである。東学党の乱ののち、東学に対する弾圧が激しくなる。1898年、第2代崔時亨の死後、前述のように高弟だった孫秉熙が東学の第3代リーダーになり、李はその下にあった。そして1901年、激化する弾圧から逃れるべく孫は日本に亡命。そこで同じく亡命していた開化派の人物と交流をもつうちに、自身も開化の必要性を実感するようになったのである。

李容九は1901年、孫に伴われてはじめて日本を訪れ、数カ月滞在。さらに同年10月にも訪日した。李容九は、東学のやり方、考え方ではもはや急激に変化する世界情勢に対応できないことを日本で悟る。そこで日本で李と孫のふたりは、朝鮮人組織を設立。それがやがて「進歩会」という政治組織へと発展するのである。ちなみに、1904年2月に進歩会を結成するまで、李容九は「李万植」という仮名を使っていた。そして、それ以降「李容九」という名前を用いるようになったのである。

東アジアの知識、学問の中心地であった日本は、李容九をはじめとする朝鮮や中国から来た若者たちにとって、非常に魅力的な場所であった。現在も「反日」だった韓国人や中国人が日本をひとたび訪れるや、たちまち「親日」へと変身するのは、いかに日本文化、日本人社会が抗い難い魅力、長所をもち続けているかを証明しているのではないだろうか。

日本の文化的、学問的魅力は、若き李容九を「親日」へと変容させるに充分だったのである。

樽井藤吉の『大東合邦論』の影響

朝鮮末期の知識人、青年たちにとって日本の近代学問から生まれた社会進化論や近代主義思想、そして西洋列強の侵略に対抗するための東洋平和論は、きわめて新鮮な魅力あふれる考えであった。ことに、日清戦争以降、樽井藤吉の『大東合邦論』は、敗戦国の清国の知識界に大きな反響を引き起こした。

朝鮮に『大東合邦論』が輸入されたのは、1896年ごろのこと。初版の1000部が、わずか1日で売り切れるほど高い人気であった。当時、開化派知識人のみならず、伝統的儒教の知識人も相当読んでいたとされる。また各メディアでも盛んに紹介された。

では、その『大東合邦論』は一体どんな書物であったのか。

福沢諭吉が「脱亜論」を書いたのと同年の1885年に、樽井は『大東合邦論』を執筆した。福沢より一世代ほど若い樽井は西郷隆盛のファンで、1882年、日本で初めて社会党という名前を使った「東洋社会党」を結成した政治活動家であった。東洋社会党は結党間もなく、弾圧され樽井も投獄される。そして出獄後、頭山満、内田良平などのアジア主義者と親交をもつようになり、金玉均とも交流するようになった。

そうした付き合いを重ねるうちに、樽井が構想したのが「東アジア連合」である。そして樽井は、清国でも朝鮮でも読まれることを念頭に置き、全編漢文からなる『大東合邦論』を執筆したのだ。清国版では梁啓超が序文を書き、10万部の海賊版が出版された。一方朝鮮では、のちに李容九の同志になる宋秉畯《ソンビョンジュン》が謄写した1000部が、前述のように発売即売り切れたのである。

『大東合邦論』は、日本と韓国、清が対等的な立場で連合することを強調した「日韓清連帯思想の種子」といえよう。ヨーロッパの侵略にさらされた東亜の危機は重大さをいやましており、これに対応するために全アジアの黄色人種が団結しなければならないと主張。アジアの団結と統一は、次の3段階を踏んでなされるべしと藤井は考えていた。

①日本と韓国が合同して「大東」という新連邦国を建てること
②大東国が清と緊密な同盟関係を樹立すること
③大東国が中国と連合し、南洋諸島を含んだ「大アジア連邦」を実現すること

この構想は現在の「東アジア共同体」にも匹敵する壮大なもので、日本の力を借りようとしていた多くの朝鮮人エリート知識人たちに、強烈なインパクトを残したのである。とりわけ李容九は、この考え方に心酔していた。

アジアにおける革命、あるいはそうした社会変革の主導者たちは、たいてい日本の影響を受け

ているか、あるいはよりダイレクトに日本を〝震源地〟として生まれたものである。辛亥革命を起こした清の孫文もそうであり、同じく清朝初のジャーナリストで立憲君主制を主張した梁啓超もそうだ。あるいは、のちに中国を率いる中国共産党も、主要メンバーの陳独秀《ちんどくしゅう》、李大釗《りだいしょう》、周恩来は日本留学経験者である。さらにベトナムの革命も、そして朝鮮の革命も、すべて日本をモデルにした、あるいは日本でその胎動が始まったものであった。つまり日本は、近代アジア全体の「師」であったのだ。

1904年に、李容九らが結成した「一進会」も、日本をモデルに作られた団体である。「一進」という名称の由来は、「日本と一緒に進歩、進化する」という意味だと、当時のリーダーのひとり、宋秉畯は言明していた。

李容九は、東学教徒を土台とした新しい「進歩会」という民間政治組織を創設したのち、1904年8月、宋秉畯らの一進会と合流して、新たな一進会が誕生した。

韓国の教科書や歴史書では、一進会を意図的に無視している。あるいは、かろうじて「日本が朝鮮侵略のためにつくった政治団体」というそっけない記述があるくらいなため、一般の韓国人はあまり知らないのが現状である。

だが実は、この一進会は朝鮮近代史上、最も大きな政治団体であり、数十万人から100万人もの会員を擁したとされているのだ。金完燮氏の表現を借りれば「一進会の犠牲のうえに初めて朝鮮革命を成就できたのだから、一進会に言及せずに韓国近代史の大きな流れを理解することはできない」（『親日派のための弁明』草思社、2002年）となる。李容九が会長、宋秉畯が評議員長に就任し、一進会は全国的に大きな影響力をもつようになった。

公的資料の『日韓外交資料集成』や『李容九小伝』（西尾陽太郎著、葦書房、1978年）によれば、一進会の五大綱領は、①韓国独立の基盤の堅固化、②王室尊重、③悪政の改善、④人民の生命、財産の保護、⑤日本軍への積極的協力、であった。

一進会員は朝鮮で初めて断髪をし、黒い服をまとっていたため、いつどこでも目立っていたという。儒教、中華思想の支配下にあった朝鮮で、髪を洋風の短髪に刈り上げるということは、すなわちそうした旧態依然とした因習への決別を意味する。そして、白色のドルマギという当時の一般的な朝鮮式の服装も捨てて、西洋風の上下の黒色の服を着用したことは、明らかに伝統との決別を意味したのである。

なぜ日露戦争中に日本軍を支援したのか？

1904年、日露戦争開戦とともに「日韓議定書」が締結されたことにより、一進会は、全国的に反日感情が渦巻くなか、「売国奴」と罵倒されながら日本軍に協力した。

10月22日、一進会が長谷川好道駐韓日本軍司令官、林権助駐韓公使らに送った公式書翰では、日本と韓国の関係を「唇と歯」のごとく密接不可分な関係の運命であると強調したうえで、次のように書かれている。

（日本と）数十年通商を持続したのち初めて韓国独立の基礎が確立され、自主権もまた堅固になったのだから、これに対する感謝の意は、文章や言葉ではとても尽くせない。そればかりではなく、東洋全体の平和と韓国の保全と独立を堅固にするという大義のために、貴国がロシアと戦争を遂行していることに思い至るとき、韓国国民のすべてが等しく頭を垂れて感謝し（中略）塗炭の苦しみに陥っている人民の気がかりと苦痛を同じように救済してやり、韓日協約を通じて絶え間なく改善と実行の忠告をしてくれるのだから、わが人民も、たとえ虫けらのようではあっても、国民の意志を代表して、一進会を結成して貴下の国に対して感謝の意を表し奉り……。（『一進会誌』）

李容九は、日露戦争を侵略戦争と見ずに「ロシアに代表される西欧が、アジアを侵略する最後の決戦」と考え、日韓の同盟によって、ロシアの侵犯を防ぎ、そのうえ、東アジアの連帯で韓国の近代化を実現しようとした。

当時、統監府と続く総督府で1905年から1916年まで書記官、外務部長、外事局長を歴任した小松緑は、著書『朝鮮併合の裏面』（中外新論社　1920年）において、日露戦争中、一進会は物資と人夫を徴収し、日本軍を支援したことを明らかにした。

また、ソウルと開城《ケソン》を結ぶ鉄道である京義線の建設工事や、日本軍の兵站支援などに、会員総勢14万9114名が動員された。そうした動員にかかった費用は、基本的に日本軍から支払われたが、それだけでは足りなかったため、一進会の持ち出しでまかなったという。宋秉畯自身、日本軍の通訳を担当した。さらに1905年10月、一進会は11万4500名の会員を動員して北進輸送隊を組織し、日本軍の軍需物資の運送を支援した。その任務の際に、49名の死傷者を出したとされる。

現在の韓国では「李容九と宋秉畯は、自身の栄達と名誉のためはもとより、日帝の侵略を助けるため、ほとんど無報酬で会員の犠牲を強要した」と非難している。だが、実態はその反対であった。自ら「売国奴」のレッテルをかえりみず、真の使命感をもって日本の勝利を願い、自分たちの資金を使ってまで協力していたのだ。

もっとも、日本の日露戦争での勝利を心から喜んだのは、一進会だけではなかった。あの安重根も日本万歳を叫んだし、孫文をはじめとするアジアの革命家たちは、西洋の侵略に対する日本の勝利に欣喜雀躍し、大きな希望を感じ取ったのである。

1905年11月5日、一進会は李容九の名義で声明を発表し、「日本の保護を受けるため、内治外交権を日本に一任する」と、自ら日本の保護を求めている。つまり、1910年の日韓併合の5年前に、すでに李容九たちは、日本による統治を強く希望していたのである。

李容九を支援した日本人たち

日本による保護、そして朝鮮の独立を目指した李容九の一進会をはじめ、さまざまな日本人が、東アジアの革命、革新に対する支援を行ったのは、本書で何度も指摘してきたとおりである。

孫文の中国革命を支えた頭山満、内田良平、宮崎滔天など多数の有志は、同時に朝鮮の近代化維新革命にも情熱的に支援の手を差し伸べた。

戦後の韓国、中国では仕方のないことだが、日本の歴史界や一般の人々のあいだでも、こうした日本人たちを、単なる「大陸浪人」「右翼活動家」として軽蔑する風潮が濃厚だ。

しかし、これら日本人志士の中国や朝鮮に対する貢献は、当然、安直な軽蔑で否定されるようなものではない。李容九と一進会を指導し、支えた日本人として、まず内田良平を挙げなければならない。日韓中の革命に精力的に取り組んでいた団体「黒龍会」の代表であった内田は、一進会の東亜連合や日韓合同の主張にも共鳴する。

そして1906年から一進会の顧問に就任。さらに内田の盟友である曹洞宗の僧侶である武田範之が、一進会の師範として迎えられた。すると、李容九と武田は意気投合し、まさに揺るぎない同志として「刎頸《ふんけい》の友」となったのである。

『日韓合邦秘史』（黒龍会編、原書房、1966年）によれば、1906年10月1日ごろ、李容九と内田の会合で、すでに「日韓合邦」という言葉が当事者間の了解事項として成立していたという。こうしたことからも、両者の意見がぴったり一致したことをうかがい知ることができよう。

1905年末から悪化し始めた一進会の財政状況を知った内田は、実業家で政治活動家でもあった杉山茂丸とともに1906年11月21日、当時東京に滞在中の伊藤博文に会い、一進会に対する財政支援の必要性を訴えた。彼らの尽力により、伊藤は1907年から6カ月間、毎月2000円の補助金を一進会に援助することに決定したのである（韓相一著『日韓近代史の空間』、日本経済評論社、1984年）。

そして1907年、李完用内閣が成立すると、内田は農工商部大臣として宋秉畯を入閣させた。これは、一進会の影響力を直接、政府中枢へと拡大する狙いであった。宋はたしかに温和な李容九とは違い切れ者で、強硬な姿勢でのちの高宗退位に一役買ったのである。

伊藤博文も、内田の斡旋によって李容九と会っているが、当初、伊藤は一進会をただの不穏団体だと見なし、あまり認めていなかった。しかし、李容九に会ってから印象が変わり、李を「至誠至純の国士」であると認識するようになったのである。

伊藤が李容九に贈った詩文がある。

韓山草木満江秋　　韓山の草木、満江の秋

把酒欽君試壮遊　　酒を把《つか》み、君と飲み壮遊を試む

交誼平生照肝胆　平生の交誼、肝胆を照らす
別時何説別離愁　別れの時、何ぞ別離の愁いを説く

「交誼平生照肝胆」とは生涯にわたって肝胆相照らす至心の盟友だという意味である。ここからも、李容九に対する伊藤の信頼がどれほど厚かったかが、理解できるだろう。

伊藤博文に対して、韓国教科書や人々は「韓国侵略の元凶」としてしか評価しないし、基本的に無知であるが、当時の朝鮮人改革派にとって尊敬と信任に値する大物政治家、知的指導者であったのだ。だから、伊藤の暗殺に際して、李完用や李容九たちは「朝鮮を亡国とするのは天か」と、その死を悲しんでいた。現在の韓国人は理解に苦しむだろうが、当時としては日本が「韓国の師」であったことは、こうしたことからも容易に知ることができるだろう。

「韓日合邦請願書」の歴史的意義

伊藤没後から2カ月後の1909年12月4日、一進会は「韓日合邦を要求する請願書」を発表した。その「合邦請願書」は、第2代朝鮮統監の曾禰荒助、大韓帝国皇帝の純宗、そして李完用総理へと送られた。「大韓国一進会会長李容九等100万会員、大韓国2000万民衆を代表して、恐惶頓首再拝、謹みて書を……」で始まる請願書は、400字詰原稿用紙30枚に至る長文である。

その骨子をまとめると次のとおりである。

皇帝に送った上奏文のなかで、一進会は、韓国と日本は政治、社会、文化、宗教などのあらゆる面で決して分離できず、必ず合邦するべきだということ、合邦は韓国人の繁栄と東洋の平和のため必要であるということ、合邦が成就される日は韓国皇室の終末を意味するのではなく、むしろ永遠に存続しうる始発点であるということ、そして、2000万人の韓国民衆が日本天皇の恩恵のもとで幸福を享受できる唯一の道であるということを強調して、皇帝が合邦に同意するよう促した。

李完用総理に送った請願書に、一進会は、韓国が現在まで存立できたのは甲申政変以後、日本が私心なく保護してくれたからであるということ、韓国人が日本民族の構成分子になれれば、皇室はもちろん全国民が子々孫々まで祝福を受けることになるだろうと書かれていた。そして、だからこそ総理をはじめ政府の全閣僚は、2000万民衆の希望が成就できるよう努力すべきだと主張したのである。

一方、曾禰統監宛ての請願書で、一進会は日本天皇と統監が2000万民衆を慰撫してきたことに感謝するということ、韓国人も日本人のような〝一等国民〟になるためには、必ず日本天皇の保護を受けるべきであるということ、そしてそれゆえ、統監は一進会が2000万民衆を代表して行う日本天皇への懇願が成就するよう努力してほしいと要求したのである。

前掲の『李容九小伝』によれば、李容九は「日韓合邦」が決して韓国の奴隷化を意味するものであってはならないと主張してやまなかった。ここからも、李の本音は全韓国民の平等独立であったことをうかがい知ることができる。

韓国では、日韓協約と日韓併合が日本の圧力によって締結されたとされているが、李容九らの「合邦」請願を見ればわかるように、韓国サイドこそ、それを積極的に求めていたのである。

なぜ「日帝強占」論はナンセンスなのか

だが1910年8月22日、李容九の期待とはうらはらに、対等な「合邦」ではなく「併合」という形で、日本が朝鮮を支配することとなった。これについて、日本を責めるのは容易ではあるが、一方でやはり韓国側の反省も必要ではないだろうか。

現在、韓国では日本植民支配時代について「日帝強占期」、つまり「日本帝国が韓国を強制的に占領した時期」という名称が定着している。

しかし、歴史的に振り返って、「強制的に占領」というのは的確な表現なのだろうか？

1発の銃弾も発射されず、あまりにもスムーズに完成したのが1910年の日韓併合であった。

これは、西洋列強に頑強に反抗して戦争を起こしたインドやベトナム、あるいはヨーロッパの小国のケースとは決定的に違う。

併合当時の1910年7月、総督として赴任した寺内正毅は、併合政策をひそかに推進しながらも、決して「併合」という言葉は口に出さなかった。1910年当時、韓国統監府の外事局長であった前出の小松緑が、その内幕を描いた『明治外交秘話』（原書房、1976年）という大変興味深い書籍がある。

それによると1910年8月4日、実は李完用が自身のブレーンである李人稙《イインジク》（作家でもあった）を小松の元に派遣して日本の本音を探り、先に併合を提案したというのだ。

李人稙は、その後2回も小松を訪ねて同じような提案を行った。日本としては暑い夏が過ぎたら本格的に併合を進める腹づもりだった。ところが総理の李完用自らが、日本より先に併合を申し入れていたのである。

小松はこれを「網を打つ前に魚の方から飛び込んできたような気持ちがした」と述懐している。

李人稙は日本に留学した経験があり、韓国で最初の近代小説のひとつともいわれる『血の涙』で有名な作家であった。1903年に、3年間の日本留学を終えて帰国すると、新聞社勤務を経て李完用の秘書役を務めた。そして小松と李完用のあいだを往来しながら、日韓併合の舞台裏を支えたのである。

また当時、穏健的開化派のリーダーであった金允植も、「東洋平和を維持し、人民を救済するために併合に賛同していた。

このように、歴史的日韓併合は、日韓の自然な意見の融合で実現したのであり、日帝の強制とはほど遠いのである。

潔く、清らかに生きて死す

李容九は、自ら望んだ対等的「合邦」が結局、日本政府によって「併合」という形になったことに失望してしまった。「韓国全部に関する一切の統治権を、完全かつ永久に日本国皇帝陛下に譲与する」という内容を目にし、以後、失意の余生を送ることになる。

併合後、日本は李完用、宋秉畯などに爵位を授与した。当然、李容九にも授爵の内示があったが、彼は毅然と拒否した。彼はこう述べている。

「私がもし栄爵を受諾したなら、そのために国を売ったと言われても弁明できない。日露戦争以来、私とともに粉骨砕身、努力した一進会の会員のことを思うと、どうして私だけが授爵できようか」

9月12日、日韓併合後、朝鮮の政治的混乱を収拾するため、政治団体の活動は一切禁じられた。一進会も例外ではなく、他の政治団体とともに総督府によって解散させられたのだ。その日、李容九は大量に喀血し、病院に運ばれた。

武田範之は、これに憤慨して「狡兎死すれば、走狗烹《に》らる」とつぶやいたという。「ずるいウサギを捕まえたら、猟犬は不要になって煮て食われる」という中国の故事成語を用いて、一進会や自分たちの捨てられた悲しみを表現したのだ。当時、解散費として15万円が与えられたが、100万人の会員の頭数で割ればひとり平均15銭にしかならなかった。

このようにある意味で、李容九ら一進会が日本政府に裏切られたのは真実である。

無論、李容九は「売国奴」として祖国からも捨てられたため、文字どおり天涯孤独になってしまう。1911年5月、李容九は門下生の池錫熲とともに日本に渡り、神戸の須磨で療養に努めた。同年6月、一進会の顧問も務めた禅僧で畏友の武田範之は、悲しみのなかこの世を去る。その直前の3月、李容九は武田に送った書信で、自分は国のために努力したのだが結局、笑われ者の失敗者だと告白していた。

翌1912年4月、内田が須磨に見舞いに来た日、李容九は内田の手をしっかりと握って「われわれはバカでしたなぁ」と語りかけたという。それに対し内田は「いつか、必ず人々はわかるだろう。今日のバカは明日の賢者だから」と慰めた。また、前出の杉山茂丸と宋秉畯が見舞いに訪れたとき、李容九は「われわれは欺かれました」と述べたとされる。これに杉山は「騙されたのはあなただけではない。私も騙されました。むしろ光栄に思います」と返したという。

そして同年5月22日、李容九は44歳で波乱万丈の生涯を終えた。

30日、遺骨が朝鮮のソウルに移送され、寺内総督はじめ3000人が出迎えた。6月2日の葬儀に際しては、参列者が５０００人も訪れたという。

『東京朝日新聞』は１９１３年５月28日～24日付の記事で李容九を「朝鮮人の中の名士」とし、「朝鮮人中にてもっとも朝鮮人らしからぬ者、これを李容九とす」と評価していた。


余談だが、私の周りの日本人は、李完用よりも李容九を尊敬するという人が多い。

たとえば、20年来の親交がある『日韓共鳴二千年史』（明成社、２００２年）の著者の名越二荒之助氏と、２００４年に対談したときのこと。その際、名越氏は私に「李容九さんこそ朝鮮の国士で名士です。私がもっとも尊敬する朝鮮人の紳士ですね」と述べていた。

「なぜですか」という、私の問いに名越氏はこう答えた。

「いさぎよく、清らかに生きて死んだからです」と。

あるいは『伊藤博文暗殺事件』（新潮社、２００３年）の著者でノンフィクション作家の大野芳氏も、同じようなことを私に言ったことがある。

国のために、純粋に日本と力を合わせて近代化を目指した「国士」李容九。祖国はいつになったら、彼の功績を真摯に受け入れるのだろうか。私の心も重くなるばかりである。

第4章

東京で命を奪われた朝鮮人参政権運動の旗手

閔元植《ミンウォンシク》（びんげんしょく）

1886年7月12日～1921年2月17日
官僚、ジャーナリスト。韓国統監時代の伊藤博文や朝鮮総督の長谷川好道らの知遇を得て、官僚の道を歩む。その後『時事新聞』を創刊するなどジャーナリストとしても活動するかたわら、3・1独立運動を批判し朝鮮人参政権運動に尽力。日本の知識人たちにその必要性を訴え続けた。

日本との関係

1889年、日本に渡り頭山満の門下生となる。その後、日本で副島種臣を通じて伊藤博文らと交流。朝鮮人参政権獲得のため日本を訪れ帝国ホテルに滞在中、朝鮮人によって殺害された。

民族を愛した「親日」の新鋭政治家

本章で紹介する閔元植は、李完用や李容九らよりは一世代後輩にあたる「親日派」の代表的な人物のひとりである。

ここまで本書で見てきたように、いわゆる「親日派」とは韓国では「一身の栄誉、欲望のため民族を裏切った反逆者」、あるいは「日本帝国の手先となって動いた売国奴」という意味で定着している。しかし、本当に「親日派」の人たちは、韓国人がイメージするように卑劣で悪どい民族の反逆者なのであろうか。

答えは明らかに「ノー」である。

常識的に考えてみればわかるであろう。日本が朝鮮を支配し、社会の近代化を推し進めるなかで「親日派」を活用したということは、すなわち親日派といま非難されている人こそが、日本の制度、文化と朝鮮社会をつなぐ結節点として、非常に重要な役割を果たしたことを意味するのではないか。

彼らは個人として、あるいは朝鮮人を代表するエリート、指導者として、統治者である日本の政策決定に一定の影響を与えていたのだ。

また、彼らは当時の朝鮮人のなかでも、すぐれた人格や能力をもっていたため、日本の政治家や実業家などから厚い信頼を受けたということも、冷静に認めなければなるまい。

閔元植はまさしく、1905年の第2次日韓協約締結から1910年の併合、そして1920年代に至る時期の代表的な朝鮮人のひとりであり、ということはつまりは、その時期を代表する「親日派」のひとりでもある。実際、韓国の書籍『親日派99人』（反民族問題研究所、1993年）は、閔元植を「人格的に卑劣な日帝の手先」として描写している。

だが、現在の韓国で「親日派」として糾弾される人物はほとんど例外なく、民族を代表する能力をもち、そして心の底から自分たちの国、そして民族を愛していた。これは、実にアイロニックなことだとしか言いようがない。

もちろん、閔元植もそうだ。この若き政治家、社会活動家、思想家、そしてジャーナリストの活動や主張を見れば、むしろ、彼が頭脳明晰で、時代をリードした人物であることを認めざるをえないだろう。

では、彼が民族をこよなく愛したゆえに、日本による近代化のなかで、韓民族のために何を力を尽くして訴えたのか。

その真相に迫っていこう。

「今日の私があるのは、すべて日本人の師のおかげ」

閔元植は1886年7月12日、京畿道楊平郡で閔泳駿の子として生まれた。父の家系的に、閔妃の遠戚になるといわれる。

のち遠い親戚である閔泳宇の養子となり1904年、高宗の親戚である厳彩徳と結婚する。厳氏は当時朝鮮随一の美人であったという。

閔元植は書画にすぐれた才能をもっていて、梅や蘭をよく描いた。とりわけ書は日本でも人気を博して、若いころ日本で「無銭旅行」をするにあたって、揮毫した書を売って旅費のたしにしたと伝えられる。私の所蔵品のなかにも閔元植の双幅掛軸の書があるが、輪郭がくっきりした強い意志が感じられる書風といえよう。

さて、『親日派99人(2)』によれば、閔元植は「8歳のころの1895年、両親と死別し、孤児となって野良犬のように各地を放浪したのち、ソウルに入る。そして、そこで清国の商人である王春元に拾われて瀋陽(奉天)へ連れられていく」のだが「王氏の病死によって再び朝鮮人に戻り放浪生活をくりかえすことになる」という。

その後、閔は1899年に日本に渡り、福岡で金玉均ら開化派を支援した頭山満の知己になり、数年間その門下生となった。そして頭山の推薦で福岡県知事の河島醇の信頼を受けた閔元植は、

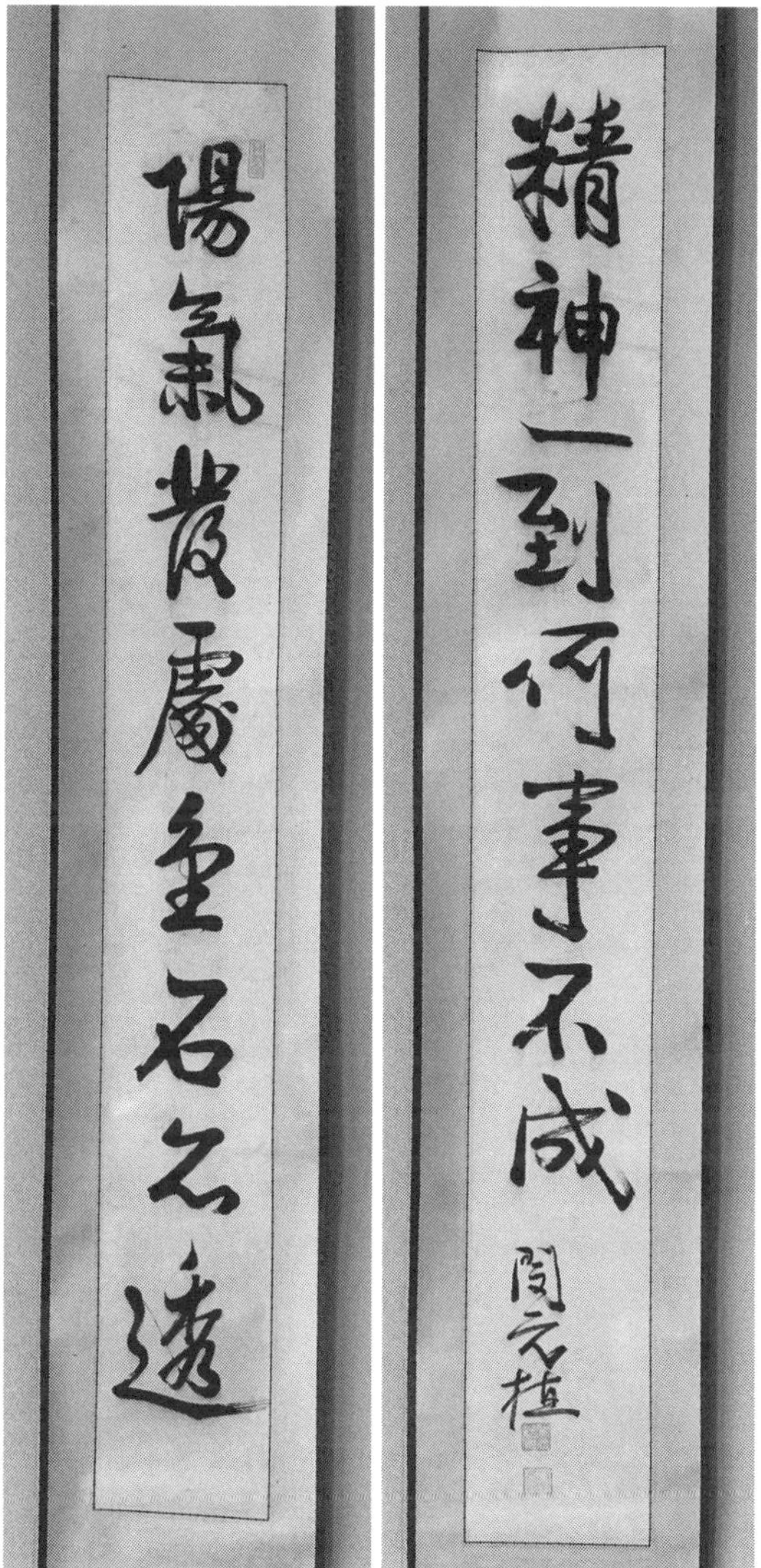

私のコレクションにある閔元植の書。

東亜語学校という学校の教師として採用されたのである。

日本滞在中、閔元植は佐賀藩出身で明治政府の重鎮だった副島種臣と出会い、のち伊藤博文、井上馨など元老に可愛がられ、とりわけ伊藤の教えを乞うようになった。

こうして、日本の大物政治家の謦咳《けいがい》に接することで近代的政治感覚を身につけ、切れ者の官僚として成長していく。そして20歳のときに韓国統監時代の伊藤に抜擢され、韓国統監府の衛生課長となった。

閔元植は妻の厳氏に、よく「今日の私があるのは、すべて日本人の師のおかげ」と語っていたという。その後、1907年7月に内部書記官、帝室会計審査委員、事務視察官へとスピード出世していった。

1910年の併合後は、郡守（長官）として地方行政でもそのらつ腕を振るった。そして1919年、3・1独立運動が起こると、それを批判して退官し、朝鮮総督府の諮問機関である中枢院の副参議に転じたのである。

閔元植は官僚としてのみならず、政治・社会活動家としても精力的に活動した。

彼は実業の発展を掲げた「大韓実業奨励会」を結成。さらに、日本による韓国の保護国化を定めた1905年の「第2次日韓協約」に賛同した韓国の閣僚たちを指す「乙巳五賊」のひとりであった元内部大臣の李址鎔《イジヨン》とともに1908年、「大韓実業協会」を創設し新聞の創刊などに取り組んだ。

また同年9月に「帝国実業会」を設立し、民衆を組織して「日韓併合」に準備。当時「帝国実業会」は、趙重応《チョジュンウン》法部大臣（一時日本に亡命した経験をもち、大物親日派として現在も糾弾される人物）が会長として活動した団体「東亜開進教育会」とともに、韓国社会で重きをなしたのである。

日韓併合直前まで、閔元植は革新団体である「進歩党」と改革政党である「政友会」を創立しており、500名の会員を擁していた進歩党は、李完用率いる政友会とともに、朝鮮史に大きな足跡を残した。

そして1910年1月、『時事新聞』を創刊して時局をウォッチするとともに、国民を啓蒙することにも力を注いでいったのである。

前章でも見たように、1905～1906年の日露戦争での日本の勝利は、東アジア史における大きな節目となっている。たとえば中国の近代史は、教科書では1840年に始まったアヘン戦争をもって近代の幕開けとしている。だが実は、1905年の日露戦争勝利にショックを受け、日本の近代化に学ぶことでスタートするのである。

朝鮮においても同様で、日本の勝利は若きエリートたちに決定的な衝撃を与えた。

同年、第2次日韓協約によって朝鮮統監府が設置され、本格的な「併合」がスタートする。その裏には日本人のみでなく、日本との併合、そして、その後の独立を熱望した朝鮮人エリートの存在があったのだ。

閔元植は、そうしたエリートのなかのひとりであった。大多数の「親日派」は、朝鮮民族が生き残るために「親日」をしなければならないと考えた。そして日韓併合を通して、日本人として生きることが、現実的な唯一の進路だと考えたのである。

無論、日本の助けを得ずに近代化を達成することは絶望的だと判断したからである。これは、きわめて正しい判断であった。

なぜ閔元植は「3・1独立運動」を批判したのか？

前述のように1919年に発生した「3・1独立運動」に対し、閔元植は批判する論陣を張った。では、その理由は何なのか。

3・1独立運動は、朝鮮民族の独立への気概を見せた輝かしい歴史的事件だとされるが、実は当時、朝鮮全体で大量破壊、放火、殺人、略奪が行われていた。つまり、序章でも触れたように、単なる暴動事件としてとらえることも可能なのだ。

実際、閔元植は「朝鮮騒擾」だと、ずばり喝破していた。彼は『京城日報』と『毎日申報』紙上に、「騒擾の原因と匡求の例案」という長文を連載して3・1独立運動を批判し、朝鮮の真の独立のための実力養成を主張したのである。

また日本の有力誌『太陽』の大正9年新年号に「朝鮮騒擾善後策―鮮民の求むる所は斯くの如

し」と題した、次のような論考を発表した。

このたびの三・一運動の近因は、米国大統領ウィルソンの提唱した民族自決主義を、欧州戦争と何ら関係のない朝鮮にも適用されるものとする誤解から起った。もしくは誤解を装うて、ひょっとしたらうまくゆくかも知れないと狙った在外朝鮮人の扇動に由来した。もっと言えば、初めから実現できないと知りつつ妄動を企てた感がある。常識的に見れば、狂気の沙汰と言えよう。しかし朝鮮人が、日本の統治政策に深い不満を抱いていることは確かである。この対策を考えねばならない。

閔元植は3・1独立運動を「常識的に見れば狂気の沙汰」として批判しながら、併合10年来の日本政府の近代化改革を客観的に肯定、評価している。と同時に、穏当な方法で民権を拡大していくべきだと提案したのである。

実際、日本政府は併合以来10年近く、朝鮮人の生命、財産を保護し、国民の福利を向上させる点において用意周到であった。運輸網や交通、金融機関の整備、農工業の各ジャンルを発展させ、旧大韓帝国時代の悪政から朝鮮人を解放するとともに、旧時代には夢想だにしなかった豊かさをもたらした。

さらに朝鮮人は、アメリカを世界の自由の理想郷、現世の楽園のように思っている者が多かった。しかし、そこはあくまで白人の天国であって、有色人種の人権はほとんど認められていなかったのだ。

第1次世界大戦後の1919年に開かれたパリ講和会議において、日本は検討中だった「国際連盟規約」に人種差別撤廃条項の挿入を提案したが、オーストラリアのビリー・ヒューズ首相が強硬に反対し、それを真っ先に支持したのはアメリカのウッドロー・ウィルソン大統領ではなかったか。

このようなアメリカの力に頼って、栄誉ある独立を達成することなど到底不可能なことであっただろう。日本統治下の朝鮮人は、アメリカに比べてはるかに幸福であることを認識し、穏当な方法で民権を拡大していくことを講ずべきだったのだ。

その点において閔元植は、きわめて現実的だった。彼は「3・1独立運動は、まさにウイルソン大統領が提唱した新しい概念である『民族自決』に対する誤解に由来した妄動」だと指摘した。そのうえで、「朝鮮民族は忠良な日本民族の一部分として国家を尊重し、国の法律を遵守しながら、個人が独立できる実力を養成」するという目標を掲げたのである。

さらに、この論考を通して、閔元植は朝鮮民族の新しい理念として「新日本主義」を打ち出した。次に見てみよう。

日本は開国以来五十二年にして世界五大強国に発展した。この勢いをもって進めば、白人のいかなる国にも対抗できる国力を持つのは難事ではあるまい。東洋人は小我を去り、東洋の盟主・日本を中心に協力して白人に当たるべきである。日鮮両国が争えば、他国に征服されるか、両国ともに衰微する。独・仏の歴史がこれを証明している。両国が分立すれば、日本は国力の発展を阻害され、朝鮮は一番に被害を受ける。

私が日韓併合に賛成するのは、もともと同根の両民族が合体して、必至の外敵による侮蔑を防ぎ、永く民族の繁栄を保つためである。両国は利益を同じくしているのだから、日本人は朝鮮人を軽蔑してはならない。朝鮮人もまた猜疑心を持ってはならない。共通の国家に忠誠を誓い、実を取る覚悟がなくてはならない。私はこれを〝新日本主義の樹立〟と称している。日本政府は寛容の心をもって、この案を採用しなければ、併合の効果をまっとうすることはできないであろう。

当時、日韓併合から10年近くになる時点で、閔元植が主張した「新日本主義」という理念は、その内容から見てきわめて現実的かつ合理的、理性的であったといえよう。

しかも、わずか33歳の青年が、これほどまでに民族の将来の独立を考えていたということが、まさに驚きである。閔元植の言うとおり、むやみな暴力的抵抗やテロは、石に卵を投げる愚挙にすぎない。

閔元植はさらに同胞たちに訴えた。

日鮮両国の併存は過去であり、現在は合体してひとつの国になった。日本はすでに昔の日本ではない。朝鮮の土地と人民を包有する新日本である。換言すれば、日本民族のみの日本ではなく、日鮮両民族の日本となったのである。われわれは、この事実と自覚に立脚して（略）日鮮民族共存の大義を完成するだけである。

命の限り朝鮮人参政権運動に尽くす

3・1独立運動以後、朝鮮総督府は朝鮮人をスパイで見張り、日本への抵抗の動きを厳しく取り締まるそれまでの「武断統治」を改め、制限つきながら出版、結社、集会、言論の自由を認める「文化統治」を実施した。また、朝鮮人も日本人と平等に扱う「一視同仁」という理念に基づき、朝鮮人への参政権付与も論じられるようになった。

そこで閔元植は、自身の「新日本主義」をベースに「朝鮮人の参政権請願運動」に力を入れるようになったのである。彼の参政権運動は、日本の国会に朝鮮人の地域代表を送り込むことで、朝鮮人の権利、民権を保障することを狙いとしていた。これは、かつて伊藤博文が考えていたプランとも通じるものがあったといえよう。

1920年1月、閔元植は東京へと向かい第42回帝国議会に「参政権請願書」を提出。さらに、7月と翌1921年2月の第43、44回の帝国議会にも繰り返し参政権を強く要求する嘆願書を提出した。

東京に滞在中、閔元植は請願書を貴族院や衆議院に配布するなど、精力的に参政権獲得のために活動した。日本の領土の一部になったいま、朝鮮人は日本国民として参政権を享受すべきであり、これを日本政府は許可すべきだと強力に主張した。第三次の請願書は3226名の署名と、大岡育造など16名の議員の推薦で衆議院に提出された。

請願書の一部を見てみよう。

参政権は帝国憲法の認める国民当然の権利であり、朝鮮が日本の領土となり、私たちが日本国民となった以上、この享受を要求するのは当然の結果であって、少しも怪しむものではない。（中略）朝鮮の現状はあるいは独立を叫び、あるいは自治を唱え、表面はとても混沌としているようではあるが、これは多数者の真意ではない。（中略）我々は日本帝国の臣民であるといっても、国政に参画することができない。いまだ国民としての全資格を持っていない。だから、ただその資格を求めているだけにすぎない。（中略）今時において政府が参政権付与の方針を示し、朝鮮人の前途に光明を投ずることは、むしろ良策というべきものである。

（1921年2月17日付『朝日新聞』「鮮人参政運動に必死の閔氏」）

閔元植は無謀な「抗日独立」よりは、冷静に体制内で生き延びる「適者生存」ならぬ「適日独立」を模索した。

閔元植は、東京で参政権請願活動の最中、非業の死を遂げる。彼の死から1年後の１９２２年、国民協会会員1万余名が署名した「建白書」を日本政府に送付するなど、朝鮮人による参政権請願運動は継続された。そして、閔元植の悲願であった朝鮮人参政権は、内地在住という条件つきながら（朝鮮在住の日本人にも参政権はなかった）、１９２８年2月に実施された第16回衆議院総選挙において叶うことになったのである。

閔元植は天国で、どれほどまでにうれしさを噛みしめただろうか。

なぜ朝鮮の先駆者は、ほとんどが暗殺される悲運にあるのか

さて、前述の閔元植の非業の死とは、いったいどういうものだったのか。

それは１９２１年2月16日午前10時頃のこと。閔元植は東京駅の東京ステーションホテルで、愛国青年であった梁槿煥《ヤンクンファン》という人物に暗殺されたのである。34歳の若き英才は、同胞の参政権を夢見ながら、同胞に殺害されたのだ。

梁槿煥はかつて東学と呼ばれた新宗教「天道教」の信徒で３・１独立運動にも参加し、のちに

日本に亡命していた。そして新聞記事で閔元植の居場所を知り、短刀を持って宿泊先のホテルを訪れ閔元植と面会したのである。梁は「李基寧」という仮名を名乗り、閔元植に朝鮮の現状や独立運動について意見を求めた。

閔元植は率直に言った。

「上海で独立運動をする者は皆、暴徒にすぎない。あんな群れが、どうして独立を成就させることができようか」

当時、上海には多くの朝鮮人独立運動家が集まっており、彼らは1919年4月、李承晩《イスンマン》を首班とする大韓民国臨時政府を樹立した。だが閔元植の目に映るそうした動きは、暴力で独立を目指す単なる暴徒にしか見えなかったのだ。

だが、閔の答えに梁は激怒。持参した短刀を取り出して、閔元植の腹部を刺したのである。梁も結局のところ閔が非難した「暴徒」にすぎなかったのか。梁は犯行後の2月24日、長崎から上海へ逃亡しようとしたところを、警察に逮捕された。5月2日、法廷で梁は「併合によって朝鮮人の生命や財産安全が危機に陥った。閔元植の参政権請願運動が独立を阻害すると思って彼を殺した」と告白した。28歳の梁は無期懲役の判決を受ける。出獄後、韓国に帰国して、朝鮮戦争中、北朝鮮に拉致され処刑されたという。

若き英才、閔元植は、金玉均と同じように同胞の「テロ」によって、悲劇的な最期を迎えた。

このように、なぜ朝鮮の先駆者は「暗殺」という悲運に見舞われなければならないのか。日本と比較してみても、暗殺事件は朝鮮民族に顕著に見られる。その原因はさまざまであるが、まず朝鮮民族には「異端者」「異なった意見や価値観をもつ者」も包容する寛容さに欠けている。儒教的世界観に「敵とは不倶戴天《ふぐたいてん》」という原理がある。「怨みや憎しみが深い敵とは、ともに天をいただかず」ということだから、つまりは「敵との共存を許さない」し、「報復して相手の命を奪い取る」ということとなる。

これは異質な他者やあまつさえ敵をも寛容し、その霊魂まで容認する日本の世界観と根本的に異なるものだ。

もうひとつ、朝鮮民族の国民性にも目を向けなければならない。それはすなわち、相手のことを理解しようともせず、短絡的に異端視する性格だ。

戦後の韓国でも繰り返される前大統領の逮捕、起訴も、見事に朝鮮民族のこの欠点を証明しているのではなかろうか。今日、繰り返されている親日派の糾弾、つるし上げも、実はこの脈絡で考えると理解しやすいだろう。

さて、閔元植の死後、日本政府は正五位勲四等に追叙した。また大韓帝国皇帝の純宗は、御使を派遣して、悲しみを表明した。原敬首相、齋藤実朝鮮総督をはじめとする有力者たちも、哀悼の意を表明したのである。

東京ステーションホテルで
閔元植氏死す
昨日荘厳な告別式
各大臣水野總監も參列
惨しき沈默に送られて
遺族は故郷へ

閔氏は李王世子の從兄

大小の花環

運動を續け

閔氏の義弟

死すとも

急死せる閔元植氏の靈柩を 昨日東京驛にて

閔夫人

手がゝりの朝鮮文字

某突發事件の犯人一味

カルーソー氏死に瀕す

閔元植暗殺事件を報じる1920年2月18日付『東京日日新聞』。

1921年2月19日に遺体は朝鮮に到達。24日に葬儀が盛大に行われ、李完用をはじめ朝鮮のそうそうたる名士が参列した。

続いて朝鮮全土で大規模な追悼会が開かれ、その死を悼んだという。また齋藤実朝鮮総督は、一千数百万円という莫大な予算を組み、閔元植の墓を建てたのである。

こうしたことからも、閔元植がいかに日本人と朝鮮人双方のあいだで尊敬されたエリートであったのか、きっと現代の人々も理解できるのではないだろうか。それとともに、このような不世出の傑物を早くに失ってしまった不幸を、いまの韓国人が理解できる日が、いったいいつ来るのだろうか。

第5章

アジアを股にかけて活躍した才色兼備の「朝鮮のマタハリ」

裵《ベ》貞子《ジョンジャ》（はいさだこ）

1870年～1952年
日本側スパイ。幼くして一家離散の苦難を味わう。その後15歳のときに海を渡り訪日。そこで伊藤博文と知り合いその養女となる。以後、伊藤の命で諜報活動に携わりながら、国王高宗とも通じる。57歳で一線を退くまで、日本軍や外務省のスパイとして活動し続けた。

日本との関係

15歳で日本に渡り金玉均の紹介で伊藤博文と知り合い養女となる。以来、日本、朝鮮、満州とアジア各地で日本側の諜報活動に従事。第2次世界大戦後まで生きたが、親日の処罰を免れる。

日韓近代裏面史を彩った「妖艶な花」

裵貞子、日本名は田山貞子。韓国では彼女の氏名の前には必ず「妖花」という修飾語がつく。このように「妖艶な花」と言われる裵貞子は、いったい何者なのか。

韓国では「親日派女性の第1号」として知られている。1966年の映画『妖花裵貞子』をはじめ、多くのドラマや映画の題材にもなっている。

「親日派」で、しかも卓越した「美貌の女スパイ」として、あるいは「伊藤博文の養女」や「愛妾」として、歴史書からゴシップ本まで、さまざまな書籍、媒体に取り上げられ韓国では知らない人などいないといっても過言ではない。

ところが、日本ではどうだろうか。ほとんど知られていないのではないだろうか。インターネットで検索しても、「裵貞子」はほとんどヒットしない。たまに出たとしても、韓国語を翻訳したページが大半だ。

これほどの〝有名人〟であれば、日本でもある程度の知名度があってもおかしくはないはずなのに……。

まさにベールに隠された人物といえよう。

これほど有名人であるにもかかわらず、なぜ日本では彼女の存在が知られていないのだろうか、と考えながら、私は20年前から裵貞子に関する資料や書物を読んできた。

なぜ「正史」には表れないけれど、韓国では「大物親日派」として注目を浴び続けているのだろうか？

「正史」に出ていないからむしろ面白い。正史の裏にある「裏史」「野史」というものに、往々にして歴史の真相が隠されているのではないか？

裵貞子とは、いったい何者なのか？

彼女もまた日本で近代を学び、世界観を形成し、「日本人」として生きた朝鮮人女性である。韓国の『親日派99人』や『裵貞子実記』（1927年）をはじめとする、さまざまな文章、書物、映像などに頼りながら、裵貞子という女性の真実を探ってみよう。

伊藤博文の養女となった、生まれつき不運な朝鮮人少女

裵貞子の人生は、幼少のころから悲運の連続であった。

裵貞子は1870年、慶尚道密陽府の地方官吏であった裵祉洪の長女として生まれた。幼名は粉南、のち貞子と改名する。

1873年、大院君の勢力が閔妃グループによって排除されると、閔妃政権は朝鮮全土で大院君の残党を粛清した。その過程で、大院君の支持派であった裵祉洪は巻き添えを食らい、死刑に処されてしまう。当時の連座法によってまだ3歳だった裵貞子も罪に問われるとともに、夫の死刑で衝撃を受けた母は失明してしまい、家族は危機に直面する。

母に連れられた貞子は流浪生活を余儀なくされた。そして母は1882年、12歳の娘を梁山郡の通度寺に預ける。こうして裵貞子は、寺で修行を受けることとなった。ちなみに、「藕潭《ウタム》」という法名までもらっていた。もっとも、彼女は体質的に寺の生活が合わなかったのか、ほどなく、そこから逃げだして再度放浪生活を続ける。その後、逆賊の子であったという理由で、密陽府庁に逮捕され、投獄されてしまう。

だが、ここで裴貞子はひとりの恩人に出会った。

密陽府使の鄭秉夏である。彼は、裵貞子の父と友人関係であったので、鄭は彼女の不運を知っ

て同情した。そこで1885年、松尾彦之助という日本人商人に依頼して裵貞子を渡日させたのである。

15歳で海を渡った裵貞子は日本で、1884年の「甲申政変」の失敗で亡命中だった開化派の主要メンバーのひとり安駉寿《アンギョンス》と出会った。そして、さらに安の紹介で、開化派の大物、本書の第1章で紹介した金玉均との知遇を得ることとなったのだ。これこそが、裵貞子にとっては千載一遇の幸運であった。金玉均は彼女を保護し、生活の面倒を見てくれた。そして新しい学問、近代思想を教えたのである。

金玉均との出会いは、さらに彼女を「生涯最高の恩人」に引き合わせることになる。18歳のときのこと。裵貞子は金玉均の紹介で、伊藤博文と知り合うこととなったのだ。

伊藤は裵貞子の抜群の美貌に心を奪われ、彼女を養女兼侍女として、自宅に住ませた。そして「田山貞子」という日本名を自ら命名したのである。裵貞子の「貞子」は、ここから生まれたのだ。

また、一説では伊藤の長女貞子が夭折したため、伊藤は愛娘への思いを込めて、裵に「貞子」の名前をあげたとする。

では、伊藤は裴貞子にどう接したのか。

伊藤は才色兼備の明敏な麗人裵貞子を近い将来高級密偵（スパイ）として養成するつもりで彼女に、水泳、乗馬、自転車、射撃術、変装術、脱身術などを教えた。いまどきの用語でいえば「密偵教育」であった。

これは裵貞子の口述による『裵貞子実記』（1927年）に書かれている。さらに、次のような様子も描かれている。

伊藤は彼女に当時の東洋情勢を説明しながら「日本が東洋三国を支配することによって東洋の平和を実現できる」という日帝の侵略思想で彼女に対して徹底的に洗脳した。

ここからわかることは、たしかに裵貞子は日本で日本人を通じて日本語や日本文化、そして日本の近代化を直接学んだという事実である。

こうして、日本人「田山貞子」が生まれた。韓国の映画、ドラマや小説はもちろん、しっかりとした学術書においても、裵貞子は伊藤の養女とされている。だが実際は、「愛妾」「情婦」であったのだろう。

伊藤は日本でも稀代の好色家として知られ、「のべ数百人から1000人」もの女性と関係を持ったとされる。ゆえに、才色兼備の裵貞子と生活をともにしているうちに、男女の関係にならないわけがない。否、伊藤の性質からいっても、そうならないほうがおかしいだろう。しかも、伊藤は裵貞子を将来日韓をつなぐ人物になるよう教育したわけだから、いっそう格別に彼女を愛

美貌を誇った女スパイの裴貞子。のちに舞踊家として活躍する裵亀子（ペ・クジャ）は伊藤とのあいだにできた娘という説もあるが、詳細は不明である。

したのではないか。

だからこそ、伊藤としても彼女を「裏史」の一部として歴史の土のなかに深く埋めて、「正史」にしたくなかったはずだ。

田山貞子として日朝間の「橋」となる

とにかく、裵貞子は日本で生まれ変わり「田山貞子」として朝鮮に派遣され帰国を果たす。伊藤の目論見どおり日韓の指導者をつなぐ「橋」としての役割を担ってのことだ。

ところが１８９４年、23歳になった彼女は、朝鮮に戻り釜山からソウルに上京する途中、朝鮮政府によって逮捕されてしまう。

その理由は、彼女は開化派の指導者である金弘集、魚允中宛てに金玉均が書いた書函と安駉寿の密書を所持していたためだ。

ここで裵貞子は「父は朝鮮王朝の犠牲になり、金玉均たち開化派は朝鮮の近代化のために命がけで奮闘している。私は女の身ではあるが、自分の見た目と日本で学んだ知識を活用して、厳しい道ながら強く生きたい」と決意した。

本書の第１章で説明したように、金玉均ら亡命開化派を、朝鮮政府は国家反逆者として亡き者にしようとしていた。ゆえに、このような開化派へ文書を届けるという仕事は、非常に危険なことであったが、裵貞子は自分の信念で引き受けたのである。

　彼女の最初の任務は失敗に終わったが、伊藤博文の養女という身分を明かし、どうにか日本へ戻ることができた。だがもちろん、朝鮮政府は当然のことながら、裵貞子のことを逆賊と密通するスパイと見なしたのである。

　日本に戻った裵貞子は、またもや重要人物と遭遇する。高永根《コヨングン》という男だ。詳細は第10章で説明するが、高永根といえば、1895年10月8日に起きた閔妃殺害事件の主犯だった禹範善《ウボムソン》という人物を、日本で暗殺した刺客である。

　当初、高永根は閔妃の寵愛を受け、守旧派の皇国協会の副会長を務めていたが、やがて開化派の思想に惹《ひ》かれ「官民共同会」という開化派団体の会長に就任。その後、開化派と守旧派の対立が激化するなかで、テロ事件にかかわっていたことから1899年7月に日本へと亡命し、尹孝定という愛国啓蒙運動に携わっていた知識人の食客となった。そして尹から禹範善の話を聞き、かつて寵愛を受けた閔妃の復讐のため、禹を暗殺することを決意。1903年11月、広島の呉市に住んでいた禹を訪ねて殺害したのである。

　これによって高永根は日本の警察に自首し、裁判所から死刑宣告を受ける。しかし、大韓帝国皇帝の高宗の嘆願により減刑。1909年、高永根は5年の刑期を終えて朝鮮に帰国し、晩年、高宗らが葬られた陵を守る役職についた。

　その禹範善暗殺事件に先立つ1900年、裵貞子は高永根による信任状をもって、伊藤の指示でソウルに赴任する林権助駐朝鮮公使の通訳資格で朝鮮に入ったのである。

林は東京帝国大学出身のエリート外交官で、中国、イギリスなどでの勤務経験もあり、対韓、対露強硬外交と、その後の日韓併合への足がかりをつくった人物として知られている。

当時、裵貞子の任務は日本外交に協力して、朝鮮保護政策を妨害するロシアの勢力を除去することであった。


裵貞子は日本公使館に住み込み、緑衣紅裳のチマチョゴリを着用して、宮中に出入りしていた。そうこうしているうちに、裵は朝鮮の権力を握っていた大韓帝国皇帝高宗の側室である厳妃の甥、金永鎮《キムヨンジン》、李容馥《イヨンボク》らと知り合い、彼らを通じて皇室へと近づく機会を得る。そして自然と厳妃と親しくなり、この縁で高宗と出会う。1903年のことだ。

高宗は、裵貞子の美貌と当時の韓国にはない日本的知性に強い関心を抱いた。こうして高宗は、たびたび裵貞子を呼び出しては、日本の情勢や文化について話を聞くようになったのだ。

裵は瞬く間に、高宗をすっかりとりこにしてしまった。高宗の寵愛を一身に受けながら、裵貞子は高宗の個人的なコンサルタントのような立場になったのである。

1904年末、日露関係が悪化するなか、朝鮮では閔泳徽《ミンヨンヒ》や李溶翊といった親露派のリーダーたちは、日本とロシアのあいだで戦争が起こった場合、ロシアが勝利すると予想していた。彼らはロシア軍を引き入れて、日本と戦争をさせるつもりだったのである。そのため、この機を利用して、外遊という口実で高宗をウラジオストクへ亡命させる企画を立てていた。

当時、高宗は自慢気にこの件を裵貞子に語りながら、彼女も一緒に連れて行くことを約束した。もちろん裵貞子は、この秘密情報を日本へと漏洩。こうして、高宗のロシアへの亡命計画はつぶされてしまったのである。

また、当時の日本は日英同盟を結んで海軍を拡張し、日露戦争の準備をしていた。そこで日本政府は裵貞子を通して、朝鮮半島の兵站輸送路として、ソウルと仁川を結ぶ京仁線、そしてソウルと釜山を結ぶ京釜線というふたつの鉄道の建設権を獲得することに成功したのである。

高宗の溺愛を受けた裵貞子の存在は、実に日本に大きな国益をもたらした。高宗による日本公使の優待接見、日本貨幣の排斥解除、軍備拡充のための日本軍船の輸入、松島（独島＝竹島）の日本人経営、朝鮮政府による日本人軍事顧問の採用などは皆、裵貞子の「橋」的役割によるものであったのである。


裵貞子の活躍は小説のように面白い。日露戦争の最中、裵貞子は日本軍の命によって満州へ渡った。そして、そこでも諜報活動に従事し、「女密偵裵貞子」は日本軍将校のあいだでも大変な有名人となっていた。

やがて、朝鮮で親露派が跋扈していたため、これを阻止するために日本軍は裵貞子をソウルに帰還させた。そして親露派つぶしに尽力し、伊藤博文あての高宗の親書を携え、日本へと向かったのである。その活躍を大いに評価した伊藤博文は、彼女を駿河台の浜田病院へ入院させ疲労した心身を休ませた。その後、裵貞子は伊藤の重要密書を持って、朝鮮へ帰国し高宗に謁見したのである。

密書の内容は、伊藤の韓国保護策の一環としての、高宗への「勧告書」であったようだ。だが、この一連の出来事が発覚。高宗と日本の接近を嫌った親露派の朝鮮政府から、裵貞子の行為は「罪」と見なされ、1905年2月、裵貞子は3年の流配刑を宣告されると、釜山の南にある絶影島へと追放されてしまった。

やがて日露戦争勝利後の1905年11月、日本特使として第2次日韓協定（乙巳条約）の締結のため朝鮮を訪れた伊藤博文は、秘書を送って裵貞子の赦免を要求。そして伊藤の希望どおり、朝鮮政府は裵貞子を釈放した。このように養父、伊藤の絶対的権力の下で、裵貞子は復活を果たしたのである。

「韓国の貞子ではなく貞子の韓国、日本の貞子ではなく貞子の日本」

いずれにしても、高宗にとっても、伊藤にとっても互いに相手の状況を知るのに、裵貞子はうってつけの情報源であった。

ある日、高宗は裵貞子を宮中に呼んで、伊藤の訪韓において彼女の功労が大きかったと褒めながら、伊藤の人格や日本の意図について聞いてみた。

すると「伊藤公は、陛下と朝鮮の近代化のために来たのです」と裵は答えたという。

それに対して高宗はこう言った。

「伊藤公は日本の重臣であるのだから、まずは日本のために力を尽くし、その次が朝鮮のためとなってしまうのではないか。だから、君が伊藤公に誠意を尽くして仕え、わが国を助けるように努力してほしい」

裵貞子から高宗の話を聞いた伊藤は、逆にこう質問した。

「近ごろ、宮中では君のことをあまり芳しくないと思っている人がいると聞いたが、それでも君は私のことを助けてくれるか?」

これに対して、裵貞子は「当然、父さんの大仕事に協力します」と答え、宮中にも民間にも日本が好きで、有力な協力者がいると付け加えた。

伊藤は満足して「大いに期待するよ」と言ったという。


日韓近代の激動期に、両国の最高指導者のあいだを取り持つ「橋」としての役割を果たした裵貞子の黄金期は、この後から伊藤が暗殺される1909年までの3年間といえよう。

ことに、1907年のハーグ密使事件のあと、伊藤と李完用内閣が高宗に退位を迫ったとき、裵貞子は当然のことながら大きな役割を発揮したとされる。

裵貞子自身の口述による『裵貞子実記』には、1900年代の日韓外交は裵貞子がすべて処理したと言っても過言ではないほど、自分が多くの仕事に携わったことが書かれている。そして、それを次のように表現した。

「韓国の貞子ではなく、貞子の韓国になった。そして伊藤の貞子ではなく、貞子の伊藤となったのだ」

裵貞子の威光は強く、彼女の兄弟までがその恩恵にあずかり出世を果たした。

当時、彼女は自分の役割をはっきりと自覚していた。いまのように他国の文化や状況に関する情報が皆無であるなか、裵貞子は日本の先進的な「近代」を祖国の地に移植していく、そしてそのための「つなぎ」となるという仕事を使命としていたのである。

1909年10月26日、伊藤博文はハルビン駅で安重根に暗殺された。伊藤の死は、裵貞子にとってはまさに青天の霹靂。生涯のよき師であり、よき父であった伊藤は、当然のことながら裵にとってかけがえのない偉大な存在であった。彼女は伊藤の死後数日間、食べ物も飲み物ものどを通らないくらい、深い失意と絶望の海に沈んだ。

だが1910年8月、日韓併合のニュースを病床で知った裵貞子は気を取り直したようで、何度も「万才」を叫んだという。

その後1914年、第1次世界大戦が始まると、駐朝鮮日本軍憲兵司令官であった明石元二郎は、裵貞子の過去の功績と才能を高く買い、憲兵隊の嘱託として採用した。すると、兵士としても彼女は活躍。敵の動向を知るため、ときには満州馬賊団の頭目の愛人になり、そこから得た貴重な情報を日本軍に伝えたという。このように、裵貞子は才色兼備であっただけでなく、日本の勝利のために命も捨てるほど忠誠かつ勇敢に活躍した、知勇兼備の「マタハリ」でもあったのだ。

戦後、彼女は日本外務省の嘱託として奉天（瀋陽）領事館に勤務しながら、南満州地域の不穏朝鮮人の動静の監視役を務めた。

また1919年の3・1独立運動以降、日本は裵貞子に満州での新しい任務を命じた。それは、満州で朝鮮人（当時は日本国民）の「保民会」を組織することであった。保民会とは総督府の指示で組織化された武装集団である。主要目的は満州の朝鮮人独立団体をつぶすこと。そのための諜報、武装活動を展開した。

裵貞子は保民会の発起人となり、顧問となった。彼女はすぐれた社交能力を発揮して、朝鮮総督府から保民会の運営資金の調達を担ったのである。

1922年、朝鮮に帰国した裵貞子は、総督府警武局長の嘱託となり、同じく抗日不穏分子の検挙、摘発に寄与したのである。すると総督府は、彼女の功労を高く評価し、約600余坪の土地を与えた。そして1924年、57歳となった裵は第一線から引退したのである。

スキャンダラスにして華麗なる私生活

このように裵貞子は、「東洋のマタハリ」として八面六臂の活躍を遂げた。一方、私生活はどうだったのだろうか。

実は、プライベートも大変な波乱万丈の一生であった。

『毎日申報』や『東亜日報』といった当時の新聞でも確認できるのは、華麗なる男性遍歴である。若い頃、日本で金玉均の保護下にいた際、慶應義塾に留学していた田在植と結婚。しかし不幸にも田が病死したため、結婚生活はつかの間で終わった。

二度目の結婚相手は、日本公使館の朝鮮語教師であった玄暎運である。玄は親日派で、裵貞子の努力で、のちに朝鮮の財界をリードする朴栄喆《パクヨンチョル》らとともに日本陸軍士官学校に留学したと伝えられる。私のコレクションにも玄の書が1点あるが、やはりその時代のエリートらしい達筆ぶりである。

裵貞子を通じて伊藤博文や高宗の覚えもめでたかった玄は、破格の出世を果たし、陸軍参令、陸軍総長などを経て宮内部大臣にまで上り詰めた。しかし玄は詐欺罪で起訴され、懲役5年の刑を受けてしまう。これにより裵貞子と玄との結婚生活は、6年で終わりを告げた。

その後、彼女は玄の後輩留学生である前述の朴栄喆と結婚。朴との結婚生活は5年で終わるが、

1966年に韓国で公開された映画『妖花裴貞子』とその続編。女スパイ裴貞子のイメージは、たぶんに戦後のこうした映画、ドラマの影響もあるだろう。

彼もまた裴との結婚を機にどんどん出世し、各地方の官僚、知事、そして1930年には中枢院参議に就任し、日本にも積極的に協力した。そして死後、日本から旭日重光章を授与される。

朴と離婚後、裴貞子は日本人や朝鮮人の資産家や富豪などと同居と離別を繰り返し、その都度スキャンダルのタネをまいた。57歳で引退したときですら、22歳の日本人警察官と同居していたという。

裵貞子が「朝鮮のジャンヌ・ダルク」と呼ばれる日

1945年8月15日、日本の敗戦とともに突然、朝鮮は「独立」を迎える。裵貞子は自分のスパイ行為に対する政府の処罰を恐れ、自宅に隠れていて外出すらしなかった。

1948年、ある記者のインタビューに応じた彼女は「祖国解放に喜びのあまり、胸がいっぱいで言葉にならない」と答えた。一方、自分の親日行為について問いただされると、「いまは何も覚えてない。若いときだからどうしようもなかった」と語ったのである。

日本の支配が続いた時代、大多数の朝鮮人が、「日本国民」として日本に協力しながら生きるのが当然であった。いや、朝鮮人知識人たちですら日本統治が半永久的に継続されると信じていたのだから、裵貞子ひとりを責めることはできないだろう。

裵貞子と似た人物として、よく知られているのが清国の皇族出身の「川島芳子」である。彼女もまた美貌を誇る女性スパイとして「東洋のマタハリ」と呼ばれた。川島芳子は「親日反逆者」として中国政府に処刑された。

だが、裵貞子は幸運の女神に微笑んでもらったのか、死刑や重い処罰を免れることができたのである。1948年9月、韓国国会で「反民族行為者処罰法」が制定された。裵貞子は女性第1号となる「親日反民族行為者」として検挙、逮捕されたが、その後、同法に基づき設置された「反民族行為特別調査委員会」が解散したことにより、自由の身となったのだ。そして朝鮮戦争勃発の翌年である1951年、ソウルで81年の波乱の人生に幕を下ろした。幸せな自然死であったといわれる。

幸運にも重い処罰は受けなかったとはいえ、裵貞子はいま「親日売国の第1号女性」としか評価されない。ここまで見てきたように、日本と朝鮮は強制ではなく相互の希望が合致して併合したのが、正しい史実である。しかし韓国では、「自国民基準」のみに依拠した思考法で日韓の近代史を決めてきたので、日本統治時代に「日本国民」であった人々の協力行為がすべて「罪」「売国」になってしまう。

「民族」という尺度を捨て、自国の近代史を広い視野でより合理的、理性的に見られるようになれば、そのとき裵貞子も単なる「売国女性第1号」ではなく、祖国を救った「ジャンヌ・ダルク」と見なされるかもしれない。

ソウルにある小さな寺、安養庵の入口に石碑が残っている。そこに刻まれているのが「裵貞子」の3文字だ。1941年「日中戦争」に出征する日本軍（もちろん朝鮮人も日本国民であったので含まれていたが）の武運長久を祈願して建てられた石碑である。人望の高かった裵貞子は、石碑を建てた朝鮮三和婦人会の顧問であった。

いったいいつになったら、裵貞子を再評価する日が来るのだろうか。

第6章 いまに続く韓国経済の基礎を築いた「朝鮮の渋沢栄一」

韓相龍《ハンサンリョン》（かんそうりゅう）

1880年10月16日～1947年10月30日
官僚、実業家、政治家。日本留学経験を生かして、官僚として日本企業との通訳にあたるうちに、経済界へと転身。渋沢栄一に多大な影響を受け、漢城銀行、朝鮮生命保険など多くの企業を設立。日本統治時代の朝鮮財界の中心人物として、終戦まで経済活動に尽力した。

日本との関係

1898年に日本に留学。日本陸軍士官学校の予備学校にあたる成城学校で勉学に励む。のち渋沢栄一と知り合い生涯のモデルとする。2004年、親日反民族行為者に認定される。

グローバル化まで視野に入れた教養高き経済人

韓相龍は、韓国社会では「財界、経済界の親日売国トップの大物」とされている。その反面、専門家、研究者などからは「韓国の渋沢栄一」とも呼ばれている。こうしたふたつの側面を韓相龍はもっているが、いずれにしても「渋沢栄一」と並び称するのが実にふさわしい、朝鮮半島の資本主義経済を切り拓いた第一人者である。

そもそも、近代化に向かっていたころの朝鮮には「民族」意識すらなく、日本と接触していくなかで、徐々に生まれたものだ。つまり、その時代を生きた朝鮮人は「民族」という枠組みより、むしろ「民族」を超えた「個人」「近代人」というところに、自己のアイデンティティを求めた人が多かった。だから、結果としての「親日派」が多かったのだ。

朝鮮経済界のリーダーである韓相龍は、まずなによりもこのような近代人、近代的教養人であった。また、韓相龍にとって日本の影響は生涯にわたるものでもあった。本書で紹介してきた知識人と同様、彼も日本に留学し、日本のエリートたちと触れ合った青年期において、明治的な日本文化、とくに明治から大正にかけての近代的教養人こそが、韓相龍が目指した人間像だったのである。

彼は経済学、法律学、世界史、地理、ピアノ、ゴルフ、囲碁などさまざまな分野において熱心に勉強し、近代的教養を〝全身武装〟するに至った。

また日常生活でも、常に自分のことを朝鮮を代表する「日本的近代人」として意識していた。そんな彼のことを当時の日本人は、「稀有の近代教養人」「日本人紳士にも劣らない人物」として評価していたのである。

彼は家庭生活でも、愛人を持たず、夫婦水入らずの旅行を楽しんだ。こういう行動は、当時の日本でも非常に珍しい風景であった。

韓相龍の先覚的特徴のひとつが、民族を超えた個人、あるいは個人として民族を超越した、現代風にいえば国際人としての意識をもっていたこと。だから、「民族」よりも「国家」に経済的な利益をもたらすことが、彼にとって最優先事項であった。

そして、朝鮮経済をいち早く日本のレベルまで発展させるのが、彼にとっての目標であり、また理念でもあったのだ。

韓相龍はあの時代に珍しい、常にグローバル化を視野に入れる教養を兼ね備えた、朝鮮経済界の先駆者であったのである。

日本留学とロールモデル渋沢栄一との出会い

韓相龍は１８８０年、ソウルで韓観洙の三男として生まれた。祖父の韓圭錫は尚州牧使（郡守）を務めた。李完用内閣で書記官を務めた韓昌洙も同門の親戚である。

一方、母方には、朝鮮国王高宗の「露館播遷」後に成立した金炳始《キムビョンシ》内閣で軍部大臣、農工大臣を務めた李允用や、併合時の総理大臣であった李完用がおじにあたる。

このような、輝かしい名門家系の遺伝子をもつ韓相龍は、漢学はもちろん、幼いころより西洋の学問にも習熟していた。１８９６年、彼は16歳で漢城英語学校に入学。その2年後の１８９８年に、アメリカ留学の準備のため日本へと渡航した。

日本で、当時軍部大臣を務めていたおじの李允用に会ったところ、おじから日本留学を勧められた。そこでアメリカ行きを中止して、日本に留学する道を選ぶ。李允用は日本陸軍の参謀本部第一部長であった宇都宮太郎大佐に韓相龍を預けた。

このような縁で日本語を学んだ韓相龍は１８９９年夏、日本陸軍士官学校の予備学校にあたる成城学校の3年に編入する。当時、同校には朝鮮人留学生が多数いたが、韓は宇都宮のあっせんで日本人班に入学することができた。そこで銃剣術、乗馬など軍事技術とともに、歴史、地理など近代的な学問も習得したのである。

また、韓相龍は当時日本に亡命していた開化派の朴泳孝らとも親交があった。そうしたつながりから、韓はアジア、そして世界情勢に関する見識を深めていったのである。

慶應義塾大学大学院で博士課程を修了し、韓相龍の研究で経済学博士号を取得した金明洙《キムミョンス》啓明大学教授の「近代日本の朝鮮支配と朝鮮人企業家・朝鮮財界」という論考には、次のように書かれている。


日本留学は韓相龍がもっていた文明開化論という器に宇都宮太郎などのアジア主義、アジア連帯論、日本盟主論などの具体的イメージで埋める契機を与えた。


このように、韓相龍の日本留学は、日本とともにアジア連帯を目指していくという理念の形成にも大きな役割を果たしたのである。

１９０１年１月、韓相龍は病気により学業を中断し、朝鮮へと帰国した。そして、私立学校の英語教師を務める。その際に政治家で陸軍軍人だった李載完《イジェワン》との知遇を得た韓は翌１９０２年、李の推薦で官僚へと転じた。

近代の激動の時代のなか、朝鮮の鉄道、鉱山、金融といった経済的利権は、日清・日露戦争で勝利を収めた日本が握ることになった。また、大倉喜八郎や渋沢栄一など日本の実業家たちも朝鮮開発に積極的であった。

ことに渋沢栄一は、幕末から流行した「日朝同祖論」をベースに、朝鮮を日本の利益圏と考える意識と、先進文明国として日本は朝鮮を保護し、助けるべきだという理念を抱いていた。実際、渋沢が設立した日本で最初の銀行である第一銀行は、そうした渋沢の理念にしたがい、朝鮮に進出したのである。

そのころ、韓相龍は進出してきた第一銀行との契約担当を務めた。さらに1903年、漢城銀行が公立銀行として再建されると、設立者の李載完の推薦で同行に入行。その組織改編事業を総括したのである。漢城銀行の再建後、総務、そして取締役となった韓は、経営知識を得るために、しばしば渋沢栄一を訪れた。

そこで、渋沢の影響を強く受けた韓は、「官僚」より「財界人」として生きる道を選んだのである。実際、『韓相龍君を語る』（1940年）という書籍によれば、韓自身が官職を捨てた理由は、渋沢栄一という人物に感化されたからだとある。さらに韓相龍は、師として渋沢を仰ぎ、一生渋沢を父として思えるほどであったとも告白している。金玉均が福沢諭吉を、裵貞子が伊藤を師父として仰いだのと同じように、朝鮮を引っ張った指導者たちには、常に日本人の「師」が存在したのである。

韓相龍の夢は「朝鮮の渋沢になる」ことであった。実際に韓相龍は、漢城銀行でのロールモデルを渋沢に求める。前述のように1903年12月に漢城銀行が再建されると、実質的経営者として韓相龍は、渋沢の第一銀行を真似た正館を建て、簿記、出納、預金、帳簿記入方式などもすべて第一銀行をモデルにつくり上げたのだ。1904年、日本側から韓相龍に地方政府のトップになるよう要請があったが、韓はこれを拒否した。このように近代朝鮮の財界リーダーは、渋沢との師弟関係から生まれたのだ。

その後、1905年から1910年にかけて、韓相龍は名実ともに韓国経済の近代化をリードした立役者となる。1905年、25歳だった韓相龍は漢城手形組合の評議員に就任。さらに翌1906年には漢城農工銀行の設立委員、1907年には京城商業会議所会頭、1908年に漢城実業会商議員、東洋拓殖会社理事、そして1909年に韓国銀行設立委員に就任するなど、朝鮮財界の第一人者として大活躍したのである。

渋沢をモデルにした韓相龍は、ある意味で渋沢と似たところがあった。ふたりとも名門の出身で、西洋文明と生活様式を受け入れ、官から民へと転身したこと。そして、銀行を基盤として国家の経済全体の底上げを狙ったことである。

そうした韓のことを、当時の日本の財界はすでに「朝鮮の渋沢栄一」と高く評価していたのだ。

植民地朝鮮経済と韓国経済をつないだ「親日企業家」

では、1910~1940年代の日本統治時代、韓相龍は「朝鮮の渋沢栄一」としてどのような経済活動をしたのか。前出の金明洙氏の論考に依拠して、年代別に整理してみよう。

1. 韓相龍は朝鮮総督府の力を背景に、総督府の求めに応じる協力者として成功の階段を上っていった。韓は支配者と被支配者の「境界」と「交差点」で、両者の緊張関係を上手に活用し、漢城銀行を成長させていったのである。1911年、韓相龍が朝鮮総督から「朝鮮貴族」の恩賜公債を利用して300万円の増資を引き出したのは、その一例である。

2. 1916～17年、寺内正毅総督の招へいで台湾、中国および満州国を視察し、比較文化論的見地で朝鮮の後進性を認識し、朝鮮経済の発展を急務と考えた。

3. 1910～20年代半ばにおいて、日韓双方の文化・情報交流、企業設立を支援するなどかけ橋としての役割に重きを置いた韓相龍は、そのころから朝鮮人企業家のみならず、日本人企業家にとっても重要な存在となった。また、自身が主導した朝鮮生命保険会社は、韓国人が設立した最初の保険会社として大きな意義をもった。こちらも渋沢が設立した第一生命保険の協力を得ていたように、日韓双方に幅広い人脈を築いた韓相龍は、朝鮮人実業家、日本人実業家を総動員できる実力を兼ね備えていたのだ。

4. 1920年3月には、韓によって「朝鮮実業倶楽部」が結成された。これは「朝鮮財界」の基盤となる。

5. 1920～35年までに朝鮮人実業家、在朝日本人実業家と総督府三者の活発な交流空間をつくり、朝鮮の近代工業と日本企業の朝鮮進出に貢献した。

6．1935〜45年は、「朝鮮近代化」にともなう日本資本の朝鮮投資、朝鮮経済の量的成長に力を注いだ。

このように韓相龍は、日本統治時代の朝鮮半島における「財界の雄」として、さまざまな企業、会社の立ち上げ、創設支援に貢献したにもかかわらず、韓国ではいまだに単なる「親日派」「日帝の経済隷属の尖兵」という評価しかされていない。

では、なぜ韓国の一般社会、教科書はもちろん、歴史学者や経済学者ですら、日本の経済近代化への貢献、「親日派」による近代受容を卑下し、ねじ曲げるのか。

ハーバード大学の朝鮮史の教授カーター・J・エッカート氏はその名著『日本帝国の申し子――高敞の金一族と韓国資本主義の植民地起源1876－1945』（草思社、2004年）において、明確な答えを出している。

多くの韓国人は、この時期に自国の資本家階級が誕生したことを受け入れようとしない。なぜなら一八七六年から一九四五年までの大半は、日本の直接あるいは間接的な影響下にあったからだ。実際、この七〇年間の半分（一九一〇〜四五）は日本の植民地だった。今日、活気に満ちた韓国資本主義は世界的に評価されている。資本家がこの時期に誕生したと認めれば、その起源が日本にあると認めることになる。国民的自負心が非常にデリケートで、反日感情とも強く結びついている国家においては、日本が「近代化」を促進したという考えは、耐えがたいものなのである。資本家を生み育てた原動力が朝鮮内にあったと信じたいのも自然の国民感情であろう。

日本が朝鮮の近代化を促進し、朝鮮の資本家は日本人の助けによって誕生したという事実を認めたくない感情的抵抗があるということである。

さらに、前出の金明洙氏の論述を借りたい。多少長い文だが引用しよう。

朝鮮財界に積極的に関わり、その中で成長していった「親日」企業家・財界人を、植民地期の朝鮮経済と解放後の韓国経済をつなぐ担い手として、その役割を評価することができる。19世紀末から20世紀後半にかけての長期的な視野に立てば、「親日」企業家の存在は、大韓帝国期（韓末）の商人・実業家と、解放後の企業家をつなぐ歴史的役割を果たした媒介的な存在として捉えることができる。そうした認識に立つと、韓国資本主義の歴史的発展を考察した際に、各局面で活躍した主体を同一な視角で把握することができるだろう。韓末の趙鎮泰・白完爀・趙秉澤・白潤洙などが萌芽期韓国資本主義の1世代実業家であれば、主に

1930年代になって朝鮮財界の中心で活躍し、解放後もしばらくの間、韓国財界を主導した朴興植・金季洙・白楽承などはその2世代実業家である。以上のような捉え方によれば、韓相龍は金漢奎・閔大植等と共に萌芽期韓国資本主義の1・5世代として両世代を連繫し、2世代実業家を育てた存在として認めることができる。解放後の韓国経済を導く朴興植・金季洙・白楽承・金正浩・崔昌学などが、すべて朝鮮実業倶楽部の会員として活動したことは、実業倶楽部が韓国資本主義の発展過程において結果的に「育ての親」として重要な機能を果たしたことを意味する。

加えてもうひとつ私が指摘しておきたいのは、「親日」という概念は朝鮮が合法的に日韓併合で日本の一部となった時点で、すでにその意味を失っていたという事実である。なぜなら、法的にも「日本国民」として生きた朝鮮人にとって、親日的行為をすること自体、論理性がなかったからだ。自分の国に「親しい」ことをするのは当然のことだからである。

ゆえに、韓相龍を親日派経済人とは呼べない。そもそも「親日派」と呼ばれる人物は存在しなかった。彼らはただ日本統治下の「国民」として、国家に忠実に生きたにすぎないのである。

「朝鮮の渋沢栄一」という意義

韓相龍は、1930年代から晩年にかけ、財界での経済活動のみならず社会活動の支援にも力を入れた。1929年12月、伊藤博文記念会の朝鮮人側総発起人となり、さらに1933年2月には自分が父と仰いでいた渋沢栄一の記念碑建立を推進。12月、ソウルの奨忠壇公園での記念碑除幕式を取り仕切った。

また、実は1919年の3・1独立運動後の4月、宇都宮太郎大佐に「3・1万歳騒動後の善後策」を論じ、そのうちの一項目として朝鮮人にも日本人同様、日本の氏を使用することを要求していた。1940年2月「創氏改名」の実行に対して彼は、「いま、この現実を見ることになり、非常に愉快である」と述懐している。

だがここで面白いのは、韓相龍自身は自分の主張とはうらはらに、日本式の創氏改名をしなかったことである。おそらく日本国民として、むしろ本名で生き、朝鮮人の模範になろうとしたのではなかろうか。実際、韓相龍は日本人として、そして朝鮮人として忠実に生きた高尚な人物であった。天皇や歴代の首相、朝鮮総督など数多くの日本人トップとも親交をもったように、日本側からも尊敬されていた。

こうした彼の人間関係やそのすぐれた功績は、他の日本人資本家や朝鮮人では到底なしえなかったであろう。

韓相龍は一生をかけて渋沢にならんとし続けたと同時に、韓自身にしか到達しえない人間性を獲得していた。そこを虚心坦懐に評価しなければならない。

つまり、彼こそ朝鮮人として最高の教養と能力を兼ね備えたロールモデル、代表的朝鮮人だったのだ。韓国人は、決して、いまのナショナリズム、民族の尺度によって「親日売国奴」として卑下してはいけない。むしろ、自国の経済的基礎をつくった唯一無二の「朝鮮の渋沢栄一」として誇りに思うべきなのである。

第7章

新聞、大学から政党まで、現代韓国の「文化の父」

金性《キムソン》洙《ス》（きんせいしゅ）

1891年10月11日～1955年2月18日
実業家、言論人、政治家。早稲田大学を卒業後、1919年、家業の京城紡織を継ぎ、翌年『東亜日報』を創刊。さらに1932年、高麗大学の前身となる普成専門学校の経営に参画。さらに戦後、韓国民主党を創設するなど、経済、教育、政治の各分野で大きな業績を残す。

日本との関係

1908年から8年間、早稲田大学に留学。そこで経済、政治活動につながる人脈をつくる。京紡などの経営に日本から資金提供を受ける一方、東亜日報の日本の五輪誤報道にも巻き込まれた。

韓国近代史は「金性洙の時代」

金性洙は、日本統治時代から、戦後の韓国建国初期に至る数十年を韓国近代史の真ん中で活躍した人物であった。

金性洙のように、韓国社会のさまざまな分野で総合的に活躍した人物はほかにいないといっても過言ではない。韓国のトップ3大学のひとつである高麗大学を設立した教育者。現在も韓国の主要紙のひとつとして読まれ続ける『東亜日報』を発行した言論人。京城紡織など紡績業に力を入れた実業家。かつ保守政党として存在した韓国民主党を創設した政治家。さらには書家としても高く評価されるなど、多方面で朝鮮の近代国家への変身をリードしてきたのである。

カーター・J・エッカートは、前出の著書『日本帝国の申し子』でこう指摘している。

金性洙の自身の生涯史は、韓国近代史とあまりにも深く密接な関連があるがゆえに、彼の一生が韓国近代そのものであった。

まさに、1890年代からこの世を去る1955年まで、国民国家へと向かう韓国はそのまま「金性洙の時代」だったといえるだろう。

近代文学の父と言われる李光洙《イグァンス》より1歳年上、詩人、ジャーナリストとして活躍した崔南善《チェナムソン》より1歳年下であった金性洙は、同時代の彼らと「文化の大山脈」を形成して、時代を変える革命児として活躍したのである。

韓国では、日本統治時代に抗日運動をした人物のみを愛国者として肯定するが、この意味で金性洙はまったく愛国者ではない。だが、彼は文化的ナショナリズムを堅持しつつ、穏健的な改革家として、将来の韓国の独立自強の土台を作ろうと考えていたのだ。実際、彼の文化ナショナリズム的プログラムは、戦後の大韓民国で大きく開花した。その意味で、金性洙は真の愛国者だったのである。

金性洙のそうした近代思想、文明観は青年時代、日本留学を通じて形成された。金性洙自身、「自分は朝鮮の福沢諭吉になるために努力した」と語ったこともあった。

この、文化面から朝鮮、そして戦後の韓国の道筋をつくった「売国奴」である金性洙の、とりわけ日本では知られていない真の姿を、早速見ていくことにしよう。

密航先の日本で形成した人格

金性洙の人生は全羅北道の南にある小さな田舎の村、仁村から始まった。金性洙は雅号として「仁村」を好んで使用した。無論、それは生まれ故郷の名前に由来する。1891年10月11日、その仁村で金暻中の長男として生まれた。遠い祖先に李氏朝鮮中期の学者、金麟厚がいる。

金性洙は幼年期、子どもがいなかった伯父のもとへと養子に出された。1903年、13歳のときに儒教の伝統的習慣にのっとって自分より5歳年上の高光錫と結婚する。高光錫の父は私塾を起こし、英語、日本語、数学などのいわゆる「新学問」を教えており、1906年、金性洙は父の塾に入学した。

ここで金性洙は、のちに独立運動家となる生涯の友、同志、宋鎮禹《ソンジヌ》に出会う。そして1908年10月、16歳となった金性洙は宋とともに密航船に乗り込み、日本へとやってきたのである。さらに、その後、金性洙の5歳下の弟の金季洙《キムヨンス》も日本へ留学しにきた。

金性洙は早稲田大学に入り政治経済学を専攻。一方の弟はのちに京都帝国大学に入学して経済学を専攻することになる。金性洙は日本で6年間勉学に励み、1914年早稲田大学を卒業した。

この日本滞在がどのような影響を金性洙に与えたのか。カーター・J・エッカートは前掲書で、金兄弟の留学の意味についてこう述べている。

二人の日本留学には計り知れない意義がある。長期間に及んだうえに、青年期の終わりから成年期のはじめという人間形成の重要な時期を日本で過ごしたのである。一七歳で東京に渡った性洙が祖国へと戻るのは六年後の二三歳のときであった。季洙の場合は、一九一一年に一五歳で祖国を出て帰国したのが二一年、じつに一〇年後のことであり、兄よりもさらに大きな影響を受けたといえるだろう。

この日本留学にはほかにも重要な意義がある。第一に、日本の地で新しい資本主義文明と初めて接触した結果、彼らの考える「近代化」の概念が日本的色彩を濃く帯びたものになったことである。第二は、中学校から大学（性洙は早稲田大学で政治経済学を、季洙は京都帝国大学で経済学を専攻した）までの高等教育の全過程を日本で、しかも日本語で受けたことである。日本語が話せ、日本文化をよく理解していた彼らは、のちに植民地の実業界や政界を支配する日本人と臆することなく交際することができた。そして最後になにより重要な点は、二人にとって日本は近代化を鼓舞するシンボル、つまり祖国発展のモデルになったということである。

『仁村・金性洙』（高在旭著、1976年）という伝記によれば、金性洙は早稲田大学での教育プログラムが自分の青年期にもっとも意義があり、記憶に残った経験であったと自ら振り返っている。エッカートも、金性洙による朝鮮近代化は、明治時代の政治家で金性洙の母校の早稲田大学創立者である大隈重信の影響を受けていたとしている。

さらに金性洙は日本留学中、朝鮮の新社会をリードする数多くの若き朝鮮人リーダーと親交を結ぶこととなった。彼らは、のちの近代化におけるかけがえのない盟友となる。たとえば、のちにともに『東亜日報』を創刊する張徳秀《チャンドクス》もそのひとりだ。張とは早稲田大学予科時代に知り合う。張はリーダーとしての資質を備え、雄弁家としても知られていた。

一方で張は、貧困家庭に生まれたため、経済的に苦しんでいた。これを知った金性洙は資金面で助け、彼をまるで本当の弟のように可愛がったのである。

ちなみに金性洙は、張以外にも日本に留学している同胞たちを、なにくれとなく支援した。これらの人物は、いずれも韓国近代史をつくることになる、そうそうたるエリートたちであった。

1950年代、副大統領を務めていた金性洙の秘書を務めた金勝文の証言によれば、留学生50名を含め、のべ730名にも上る人々を支援したという。

金性洙が考える日本の近代化成功の要因は、教育と民族的結束力であった。そのため、将来的には教育の面から祖国の近代化を着手しようと考えていたのである。そのために、日本に留学していた朝鮮人エリートの力が必要になると確信していたのだ。

1914年7月、早稲田大学を卒業した金性洙は、近代的教養人として祖国に帰国する。だが、祖国はすでに日韓併合によって「日本」になっていたのだ。

韓国の「早稲田大学」高麗大学を創建

朝鮮に戻った金性洙は、大隈重信にならい学校の設立に着手した。当時の朝鮮では、貴族やエリートたちは皆、日本人がつくった学校に子どもを入学させていた。なぜなら朝鮮人の私立学校より、施設がすぐれており、しかも多彩な教科プログラムが人気だったからである。

そんななか、金性洙は朝鮮民族独自の学校を建てるべく奔走した。東京時代に親交のあった、のちに新体詩という朝鮮近代詩の基礎を築く崔南善や、政治家となる安在鴻《アンジェホン》らから必要な情報を入手。そして1915年、「白山学校」という私立学校設立案をつくったのである。しかし、総督府から認可が得られなかった。

ところがその後、ソウルの名門私学校であった「中央学校」から金性洙に、学校再建の依頼がきた。中央学校は、西欧近代思想を中心とするナショナリズム教育を目的としていた。そこで金性洙は、早稲田大学の法学教授永井柳太郎などの協力を得て、1915年4月27日、中央学校の経営を引き受けたのである。

教育を通して、同胞を啓蒙し、啓蒙された同胞の力で将来、朝鮮の自主独立が可能だと金性洙は確信していた。

その後、金性洙は、中等教育から大学教育へと視線を向けた。近代化における大学教育の重要な役割をはっきり認識していたからにほかならない。折しも１９２０年代初頭、朝鮮では「民立大学設立運動」が起こっていた。それを当然支持した金性洙は、朝鮮の高等教育学校のなかで最も古い私立校のひとつであった普成専門学校の経営に乗り出す。この普成専門学校が、戦後の１９４６年８月15日、米軍庁学務局の認可を受け、総合大学に昇格した。ここに名門高麗大学が誕生したのである。金性洙の依頼を受け、東京留学時代から親交のあった教育家の玄相允《ヒョンサンユン》が高麗大学の初代学長に就任した。

戦後の韓国社会において、高麗大学は私学の雄として、まさに「韓国の早稲田大学」という地位を築くことができたのである。

いまでも高麗大学の卒業生たちは、大学と国の近代化に大きく貢献した金性洙の功労を忘れていない。高麗大学のキャンパスには、金性洙の銅像が建てられている。

「日本帝国の申し子」が設立した朝鮮初の財閥

金性洙は教育事業の貢献とともに、朝鮮近代の産業にも大きく寄与した。

高麗大学と敷地内に建てられた金性洙の銅像。

前出したハーバード大学の朝鮮史教授であるエッカートはその著書のタイトルどおり、金性洙兄弟を朝鮮近代産業における「日本帝国の申し子」と呼んでいる。

エッカートの研究によれば、日本留学時代の友人である李康賢の熱心な提案によって、金と李は京城紡織株式会社（京紡）を1919年10月に設立した。

そして、金兄弟による京紡財閥の創立について、エッカートは以下のように述べている。少々長くなるが引用したい。

京紡の発展はあまりにめざましく、日本帝国主義の犠牲となったとはとうてい考えられない。一九一九年から四五年までに、払込資本金は二五万円から一〇五〇万円に増資されている。織機の数は一〇〇台から一〇八〇台に、三五年には二万一六〇〇だった紡錘の数は植民地時代の末には三万二〇〇にまで増えた。しかも、これらは朝鮮内の設備のみの数値である。同社はこのほかに満州でも同規模の紡織工場を操業しており、大阪と北京、さらには中国内陸部にまで営業所を構えていた。

さらに一九四五年までに、京紡はたんなる綿織物工場から総合的な繊維メーカーに発展を遂げており、そこには三つの繰綿工場（黄海道に二つ、平壌に一つ）、前述したソウル（永登浦）の紡織工場、始興の巨大な漂白・染色工場、そしてソウル（雙林洞）の衣料工場が含まれている。さらに企業買収により、楊坪洞のゴム製品工場（旧京城織紐）と議政府の絹糸・絹布工場が加わった。

以上は、複雑に拡大・展開されていった事業活動のなかのとくに目立つ部分にすぎない。金性洙が本当に興味を抱いていたのは教育と出版だったため、弟の季洙が京都帝国大学経済学部を卒業して祖国へ戻ってきたのちは、同社の実質上の経営を徐々に弟にまかせていった。その後季洙と彼の親族が経営権を支配するようになり、季洙は一九三五年に社長に就任した。季洙と京紡は、朝鮮にとどまらず満州や中国にまで進出し、さまざまな分野へと事業を拡大していった。前述した分野以外にも、玉軸受け、車輛、漁網の製造、ガス事業や水力発電、麻紡織、醸造、金の採掘、銀行業、国際貿易、不動産開発、運送、造船、航空機製造、精錬、油精製、重化学工業、鉄道などがある。さらに、性洙は資金と経営の両面で京紡を支えつづけ、大手新聞社と大学のオーナーという立場を利用して、弟の企業グループの力と名声を高めた。


このように京紡は、日本をモデルにした点において、やはり日本と朝鮮の近代化の「つながり」の証しとなっている。と同時に、金性洙の多方面的近代化事業の一部分として、土着的朝鮮企業という特別な意味をもっていた。

さらにエッカートは、すでに1932年に朝鮮人記者が金兄弟の資産階級を「財閥」と名づけていたことも明らかにしている。つまり、ここに近代朝鮮の財閥が誕生したのである。

『東亜日報』の創刊と日本中を驚かせた日章旗抹消事件

もうひとつ、金性洙の業績として特筆すべきは、文化ナショナリズム運動である。その結果となったのが、韓国の主要紙のひとつ『東亜日報』の創刊であった。これは同時に、彼の民族教育プログラムの延長戦としても理解できよう。

「東亜＝東アジア」という新聞名も金性洙の発案であった。彼の説明はこうだ。

「民族の視野を世界に広げ、日本と朝鮮は対等な東亜の一員だという意味を強調しなければならない。アジアを代表する新聞にしたい」

さまざまな試行錯誤を経て、1920年1月14日『東亜日報』発起人総会が開かれた。全国から集まった78人の発起人は金性洙を代表に選出し、株式会社東亜日報の認可を申請した。そして2月6日、総督府の許可を得て、創刊は3・1独立運動の1周年にあたる3月1日を目指すこととなった。

結局、目標よりやや遅れて4月1日に創刊。理事長は金性洙が務め、社長には盟友の宋鎮禹がついた。1923年5月には李光洙が編集長に就任し、日本の植民地支配体制を容認する改良主義、穏健なナショナリズムを標榜。そして金性洙は『東亜日報』を陣地として民営大学設立運動やハングル推進運動を主導し、朝鮮民族の文化運動を展開したのである。

さらに1931年に月刊『新東亜』、1933年に月刊『新家庭』という雑誌も創刊。このように多様な媒体を活用して、文化運動を強化していったのだ。


当時の『東亜日報』を語るときに欠かせない、世間を騒がせたショッキングな事件がある。「日章旗抹消事件」である。

1936年8月9日、ベルリンオリンピックのマラソン競技で日本を代表して出戦した孫基禎《ソンギジョン》が優勝し、当時の日本人と朝鮮人に大きな歓喜を与えた。ところが8月25日付『東亜日報』夕刊に掲載された表彰台の孫基禎の写真では、胸のユニホームにあるはずの日の丸がボケて、どこの国旗なのか判別不可能になっていたのだ。

現在、韓国の民族主義的な解釈では、「これは『東亜日報』の反日的な正義の行為」と強調されている。しかし、これは実は金性洙、宋鎮禹ら会社の決定ではなかった。

社内のスポーツ記者であった李吉用が主導して、画家の李象範、徐永浩の3人による独断専行で、経営陣にとっては寝耳に水の出来事だったのだ。金性洙は「無自覚な行動だ」と嘆き、宋鎮禹は「マッチ棒で偉大な建築物を焼き払った」と憤慨した。それもそのはずだ。なぜなら金性洙たちは、穏健な文化的ナショナリズムで、日本の体制に適応しながら民族文化運動を通じて、朝鮮独立の〝実力〟を養成しようと着々と進めていたからである。

当然、総督府の圧力で、会社は社長から評議まで13人に対し解雇、停職処分を下した。『東亜日報』は停刊処分を受け、それは実に279日間に及んだ。復刊後、『東亜日報』は社告で「今後一層謹慎し、日本帝国の言論機関として公正な使命を尽くしたい」と表明したのである。

一方で『東亜日報』は、1930年代の満州在住朝鮮人の反日武装活動に対して、数は少ないものの「匪賊集団だ」と糾弾する記事を掲載した。また、1932年1月10日付の紙面では、反日テロリストの李奉昌が昭和天皇暗殺を試みた桜田門事件に対して、「大不敬事件」と大きく報道してもいる。

「反日種族主義」が蔓延しているいまの韓国では、『東亜日報』のこのような報道や金性洙自身に対して「親日の逆賊」というような批判を浴びせている。しかし、当時の金性洙は反日でもなければ、ましてや武装した独立運動家ではなく、文化的ナショナリストとして急進的独立運動の反対側にいた人物であったのだ。つまり、体制を擁護しつつ、その力を利用しながら穏健な文化運動を実践した人物であって、決して民族の反逆ではなかった。「反日」だけが「愛国」ではないことを、金性洙は知っていたからだ。

ちなみにベルリン大会のマラソンで金メダルを獲得した孫基禎は、日本留学を望んでいたものの、大会後の1936年12月に行われた東京高等師範学校（現在の筑波大学）の入学試験に落ちてしまう。そこで孫は相談のため、金性洙を訪ねた。孫基禎を温かく迎えた金性洙は、彼の希望を聞き、普成専門学校に受け入れることを決めたのである。

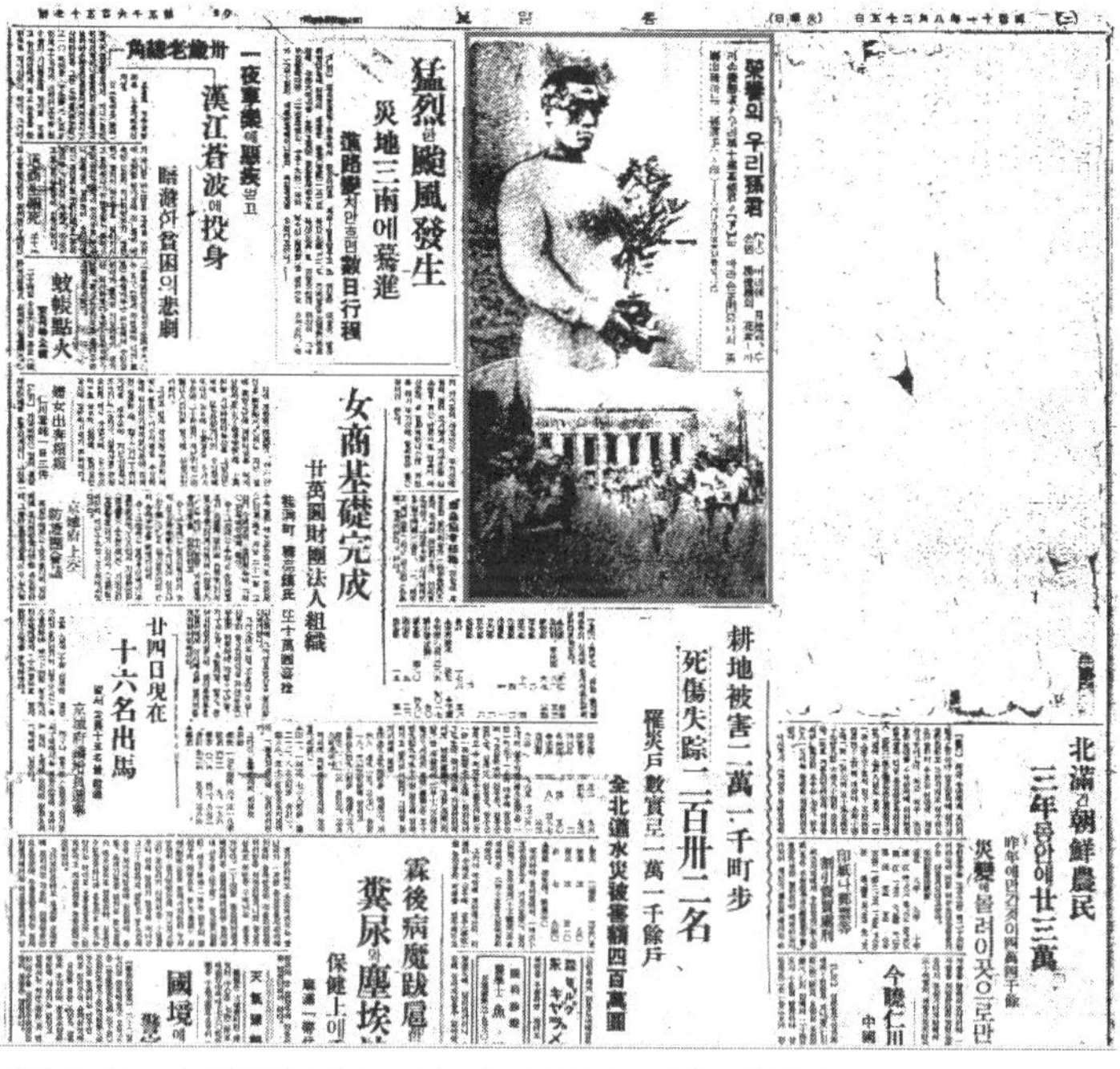
榮譽의 우리孫君

猛烈한颱風發生
災地三南에驀進

耕地被害二萬一千町步
死傷失踪二百卅二名

北滿의朝鮮農民
三年동안에廿三萬

女商基礎完成

漢江蒼波에投身

廿四日現在
十六名出馬

霖後病魔跋扈
糞尿와塵埃

表彰台に上った孫基禎の胸から日の丸が消された状態で掲載された1936年8月25日付『東亜日報』。手にしているのは、ヒトラーから与えられた優勝記念の月桂樹の苗である。

いまに続く健全な野党という〝政治遺産〟

金性洙のもうひとつの功績は、政治家として現代韓国の建国に大きく貢献したことである。1945年8月15日、かつての栄光、国権を取り戻すという意味の「光復」後、韓国政界は右派と左派の対立が激化し混乱していた。そこで金性洙は、親友の宋鎮禹とともに韓国国民党を結成する。ところが、宋が共産主義者のテロによって暗殺されてしまったのだ。

常に陰で仕事をしてきた金性洙だったが、宋の代わりに党首の座についた。そして1946年から本格的に建国運動に身を投じたのである。温和な漸進主義者の金性洙は戦時中、上海の大韓民国臨時政府で主席を務めていた金九や、その後、韓国大統領となる李承晩とともに大政党を創設しようとしたが、結局、物別れに終わった。

その後、1948年5月10日、韓国史上初の国会議員選挙の結果、李承晩系の大韓独立促成国民会などが多数を占め、韓国民主党は第3党に甘んじることとなる。そして、大統領制か議院内閣制かといった違いなどをめぐり、李承晩たちと韓国国民党は対立するようになった。

大韓民国成立後、金は李承晩のエスカレートする独裁に反対。1951年、国会で前任者の辞任で空席となった副大統領に金性洙を選出した。しかし、金性洙は受諾しなかった。なぜなら、彼は常に福沢諭吉のような教育啓蒙家としての使命感をもっていたからだ。しかし、周りからの強い要請に応じざるをえず、ついに副大統領に就任。そしてなおも、李の独裁を阻止し政治を改良しようと努力したのである。

だが、李の独裁的支配を止めようと奮闘し続けたなか、金性洙の健康は急速に悪化。1952年5月、彼は副大統領を辞任し、政治の第一線から引退した。しかし、自由民主主義体制確立に向けて強い信念をもっていた金性洙は、李承晩の独裁に対抗。反李勢力を糾合した新政党の創建のため努力したが、1955年2月18日、志半ばで病によりこの世を去る。

金性洙没後の9月、彼の意を汲んだ民主党が誕生した。かつての金大中《キムデジュン》や金泳三《キムヨンサム》元大統領は、民主党の直系後輩にあたる。

このように金性洙は、しっかりとした野党をつくるという点において、韓国政治に大きく貢献したのである。

本章の冒頭で紹介したカーター・J・エッカートの言葉「金性洙の自身の生涯史は、韓国近代史とあまりにも深く密接な関連があるがゆえに、彼の一生が韓国近代そのものであった」がまさに、正鵠を射ていたことがわかるのではないだろうか。金性洙ほど多様な領域で、韓国の近代化に貢献した人はいないと言っても過言ではない。

韓国ではいまだに、金性洙を「親日反民族行為者」として卑下するが、彼こそ「親日愛国者」であった。

金性洙は、個人としても高い品格と深い見識を兼ね備えた文明人であると同時に、ある意味では儒教的な文人でもあった。儒教の清貧思想に基づき、彼は質素な生活を楽しんでいたという。その反面、本章でも見たように、他人のためには金銭を惜しみなく使い、数多くの人材を支援したのである。金大中は1993年8月15日、金性洙についてこう述べていた。

「仁村（金性洙）は、投獄されたりする独立闘争はしていなかったが、いかなる独立闘争にも劣らないほど、わが民族に貢献したと信じる」

また1991年10月11日、韓国初のカトリック枢機卿となった金寿煥は、金性洙生誕100周年記念式で次のように評価した。

「仁村先生は時代をリードした各界の優秀な人材を数多く育成した『民族史の産室』のような存在であった。自らは低姿勢で、常に謙虚な心をもち、他人の功労を惜しみなく賞賛したところに、仁村先生の人品が表れていた」

『東亜日報』、高麗大学、そして健全な野党……。

金性洙がつくり上げた近代化の産物は、日本統治時代、戦後の大混乱期を経て、21世紀の現在も韓国の発展を支えているのである。

ご購読ありがとうございました。今後の出版企画の参考に
致したいと存じますので、ぜひご意見をお聞かせください。

書籍名

お買い求めの動機

1　書店で見て　　2　新聞広告（紙名　　　　　　　　　　）

3　書評・新刊紹介（掲載紙名　　　　　　　　　　）

4　知人・同僚のすすめ　　5　上司、先生のすすめ　　6　その他

本書の装幀（カバー），デザインなどに関するご感想

1　洒落ていた　　2　めだっていた　　3　タイトルがよい

4　まあまあ　　5　よくない　　6　その他(　　　　　　　　　　)

本書の定価についてご意見をお聞かせください

1　高い　　2　安い　　3　手ごろ　　4　その他(　　　　　　　　　　)

本書についてご意見をお聞かせください

どんな出版をご希望ですか（著者、テーマなど）

郵便はがき

料金受取人払郵便

牛込局承認

9410

差出有効期間
2021年10月31
日まで
切手はいりません

162-8790

東京都新宿区矢来町114番地
神楽坂高橋ビル5F

株式会社ビジネス社

愛読者係 行

ご住所 〒 TEL: ( ) FAX: ( )		
フリガナ お名前	年齢	性別 男・女
ご職業	メールアドレスまたはFAX メールまたはFAXによる新刊案内をご希望の方は、ご記入下さい。	
お買い上げ日・書店名 年 月 日	市区 町村	書店

第8章

親日のシンボルとして 誰よりも非難された 「朝鮮近代文学の祖」

李《イ》光《グァン》洙《ス》（りこうしゅ）

1892年2月22日～1950年10月25日
作家、思想家。日本留学中に発表した近代朝鮮語で書かれた韓国文学史上初の近代小説『無情』をはじめ、多くの作品を執筆。また「民族改造論」などを発表し、独立のための実力養成を朝鮮人に説き続ける。戦後、朝鮮戦争で北朝鮮軍に拉致され、1950年、北朝鮮で客死。

日本との関係

1905年、日本に留学。明治学院、早稲田大学在学中に創作に目覚める。在学中から徳富蘇峰などと交流。のち創氏改名に協力し自らも香山光郎と名乗る。2009年、親日反民族行為者に認定。

「夏目漱石、福沢諭吉」＋「梁啓超、魯迅」という巨人

李光洙とは、いったい何者なのか？

韓国人にとって、「韓国近代文学の祖」として知らぬ者はいないほどの傑物である。と同時に、「親日反民族行為者」として卑下される文化人の代表でもある。

このような両極の評価は、日本との「共同体」であった韓国人の素顔、そして、そうした事実に端を発する戦後のコンプレックスと悔恨の混じり合う韓国の近代史が、そのまま彼自身の人生に凝縮されているからではなかろうか。

徳富蘇峰は「中国に梁啓超あれば、朝鮮に李光洙あり」と李光洙を高く評価した。梁啓超とは清朝末期から中華民国時代にかけて活躍し、日本への亡命経験もある中国きっての近代知識人である。また、現代の専門家たちも、李光洙を夏目漱石、魯迅と比肩しうる知識人だと評価している。つまりフラットな目で見れば、李光洙は日本の「夏目漱石、福沢諭吉」＋中国の「梁啓超、魯迅」という〝東アジア文化の巨人〟といえよう。

小説家、詩人、言論人、思想家、批評家など多彩な顔をもつ李光洙。また、朝鮮の定州―ソウ

ル—東京—北京—上海—シベリアと、東アジアを渡り歩いた放浪の人。当時の文人で、これほどまでに自由に自分の居場所を移し替えていった人物は、ほとんどいない。

また、精神的にも儒教を批判し儒教から天道教、キリスト教、再び仏教、そして仏教からまたもや儒教へと変容していった。もちろん、青年期の日本留学で吸収した近代西洋文明の精神、また日本的近代観も、彼のマインドにはかり知れない影響を与えたことは言うまでもない。

かつて、李光洙は同胞に向けてこう語った。

「半島の青年として自己皇民化的改造にいそしむべきである。よく日本精神を研究し、それを自分の精神とするよう常に努力すべきである。そのためにはまず、日本語を学習して真の母国語になるよう努力し、神社参拝、その他の礼儀作法に慣れるよう、これらを習得し、身も心も生粋な日本人になりきるよう毎日、時々刻々修行しなければならない」(雑誌『総動員』)

だからだろう。李光洙の文学的評価はいまだ高い反面、人物像としては親日のシンボルとして定着してしまった。ソウル大学の著名な文学評論家である金允植教授は大著『李光洙とその時代』(1983年)で、李光洙を痛烈に批判した。もちろん、こうした意見に対する反論もないわけではない。ただ、韓国人の自国の文化的巨人に浴びせかける批判の声に歯止めはかからない。これが、韓国の悲しい現状なのである。

日本で誕生した韓国最高の文豪

李光洙は1892年2月22日、平安北道の定州で李鍾元の長男として生まれた。夏目漱石よりふた回り若く、魯迅のちょうど10歳年下である。李光洙が10歳のとき、両親はコレラで急逝。ふたりの妹とともに孤児となってしまった。

だが李光洙は、幼いころから聡明で天才の資質があった。やがて、第3章で紹介した李容九が設立した政治結社「一進会」で教育を受けるうちに、大きな目標を抱くようになる。彼は『彼の自叙伝』（1936年）という自伝風小説で、当時の自分の気持ちを率直にこう語った。

私には昨年と違って心のなかに野心が生まれた。これから朝鮮で最高の、世界に名だたる人間になるのだという野心が、胸のなかで煮えたぎっていた。

1905年、李光洙はこうした大志をもって、一進会の留学生として東京にやってきた。13歳のときのことである。まず東京芝公園（現在の東京タワー付近）の「東海義塾」で日本語を勉強した。そして1906年4月、神田三崎町にあった大成尋常中学校に入学。翌1907年、大韓皇室からの学費の支援を受け、明治学院に編入した。

そして、同院在学中に木下尚江やトルストイ、イギリスの詩人バイロンの作品に感銘を受け、文学少年になっていく。1908年、明治学院4年生のとき、日本の韓国人留学生が出版していた『太極学報』に「国文と漢文の過渡時代」を発表。1909年12月、わずか17歳で小説処女作『愛か』を日本語で執筆し、明治学院の同窓会誌『白金学報』に発表した。

一時帰国したのち1915年、前章での主人公、金性洙の後援で二度目の東京留学。そして1917年、『毎日申報』に言文一致体の近代朝鮮語で書かれた韓国文学史上初の近代小説『無情』を連載した。このように朝鮮ではなく東京で、韓国近代文学が誕生したのである。

さらに単行本として『無情』が刊行されるや否や、たちまち大ベストセラーとなった。現代韓国の文学評論家、張錫周《チャンソクジュ》はこう李光洙を評価する。

李光洙は韓国近代文学が発芽した起点になったと同時に黎明の叫びでもあり、そして、おそろしいビックバンでもあった。李光洙というビックバンがなかったら、韓国文学の夜星を燦然と飾る星座は、いまだになかったかもしれない。(『私は文学である』)

たしかに、この指摘どおりであった。

「近代朝鮮の三大天才」と呼ばれる人たちがいる。李光洙、同じく作家の洪命熹《ホンミョンヒ》、そして朝鮮近代詩文学の創始者というべき崔南善だ。この天才たちは、いずれも東京で誕生したことを忘れてはならない。

1909年11月(1906年という説もあり)、東京で李光洙は親友の洪命熹の紹介で崔南善と出会った。当時、洪は22歳、崔は20歳、李は18歳の血気盛んな若者だった。これが「朝鮮近代の三大天才」の初顔合わせとなる。近代朝鮮史でも特筆すべき〝出会い〟だった。

まさに、「天才は天才を知る」ということか。崔南善は、ほぼ無名の李光洙と初めて会うや、朝鮮文壇の第一人者になれると確信したそうである。

私の手元に三大天才それぞれの写真がある。崔南善の風貌は、文人というよりは素朴な農民というイメージだ。洪命熹は、やや広い額にメガネをかけた老学究たる雰囲気。対照的に李光洙は、大変な美男子である。次ページを見ていただければわかるように、李光洙は現在の韓流スターにも負けないほどのハンサムボーイであった。

崔南善の枕詞は「最初」であると言っても過言ではない。たとえば前述のように最初の近代詩人でもあるし、また、最初の近代的雑誌『少年』も創刊している。

一方の洪は、『林巨正』の長編小説で成功し、のち『東亜日報』の主筆も務める。そして戦後、北朝鮮へと渡って副首相などを歴任した。

「朝鮮の三大天才」と呼ばれる、右から崔南善、洪命熹、そして李光洙。

朝鮮人の民族性への痛烈な批判

李光洙は37作の長編小説や詩などを発表したが、そのなかでも自民族の欠点を批判した「民族改造論」が最も重要な作品といえる。これは、現在の窮状から朝鮮民族が脱し、繁栄する社会へと進むには民族性を改造しなければならないというもの。この「民族改造論」を1922年5月に発表するや、たちまち朝鮮社会に大反響を巻き起こした。

では、具体的な内容はいかなるものだったのか、見てみよう。

朝鮮民族の根本的性格は何なのか。漢文式観念で表現すると、仁、義、礼、勇である。これを現代用語で表現すれば、寛大、博愛、礼儀、廉潔、自尊、武勇、快活となる。

これを「主体的性格」と彼は言う。さらに李光洙は、改造すべき朝鮮民族の欠点、すなわち「付属的性格」について、次のように述べる。

「空想と空論ですごし、懶惰で互いに信儀と忠誠心がなく、事に臨む勇気が欠け、極度に貧困あり……」

続けて李光洙は、「虚偽、空論、懶惰《らんだ》、無心、利己、団結力不足、経済的衰弱、科学の不振、非社会性、詐欺性、虚勢」と朝鮮人の欠点を整理。そのうえで、どう、その性格を改造すべきかを次のように挙げている。

①嘘をつかないこと。
②空想と空論を排し、正しい思想、義務と思われることを実行すること。
③表裏の二面性をなくし、義理と信義を守るべし。
④姑息、逡巡など怯懦を捨て、正しいこと、決心したことに向かって一切の困難を除いて前進すべし。
⑤個人より団体を、私より公を優先し、社会に対する奉仕を命とせよ。
⑥常識をもち、ひとつ以上の専門学術と技芸を必ず習得し、ひとつ以上の職業をもつべし。
⑦勤倹貯蓄を尊び、生活上に経済的独立を企てよ。
⑧清潔・衛生の法則に合致する生活をし、一定の運動によって健康な体格を保つこと。

これは、今日でいう徳育、体育、知育の「三育」そのものである。

改造の実行について、李光洙は「務実」と「力行」の重要性を強調していた。「務実」とはウソをつかずに誠実に努力することであり、「力行」とは空論を排除し、正しいことを実行する力だとしている。そして最後に李光洙は、改造のために「同盟」を結成し、集団の力で改造案を実行に移す方法を提案した。こうした文化運動を遂行することこそ、朝鮮民族を救える唯一の道だというのである。

精神的な基盤となった徳富蘇峰の教え

「一身独立して一国独立す」

これは福沢諭吉が『学問のすゝめ』に書いた有名な言葉だ。一方、李光洙は著書『朝鮮の生活と文化』（１９４０年）で次のように主張した。

「半島人自身を救うのは、決して自由でも独立でもない。勤勉と努力である。いたずらに独立を叫ぶよりも、まず精神的な独立を図らなければならない」

いまだに韓国の学者たちは、「李光洙の『民族改造論』は総督府にそそのかされて執筆されたものであり、親日反逆の行為を象徴する曲学阿世の標本である」と非難している。しかし、これは何の証拠もない、単なる感情論にすぎない。

米インディアナ大学のマイケル・ロビンソン教授は著書『日本帝国支配下のナショナリズム』で、李光洙の「民族改造論」について、植民地社会でなしえた大胆な主張だとし、「李光洙の論文で最高峰となる力作」と激賞した。

なぜ朝鮮の若き思想的リーダーだった李光洙の、あれほどまでに真摯で貴重な提案を、誰ひとりとして受け入れて熟慮しなかったのか。私はいまだに理解に苦しむ。

悲しいことに、韓国では昔から自民族反省、批判はタブーであったし、それは首を斬られるくらいの覚悟を要するものであった。そうした社会で果敢に自民族批判を行った李光洙は、近代韓国の最高に勇敢な知識人であったといえよう。

李光洙が日本語で書いた回想記「徳富蘇峰先生に会うの記」「私の交友録」などによれば、彼は徳富蘇峰から教えを請い、父のように尊敬していたことがわかる。

蘇峰といえば、明治から昭和初期から戦後期にかけて活躍した思想家、歴史家、批評家、ジャーナリストで、当時随一の知の巨人であった。

李光洙は早稲田大学哲学科に留学中の1917年の夏休みに、『京城日報』社長であった阿部充家の紹介により、釜山で初めて蘇峰と出会った。以来、親密に交遊し続け、のちに「阿部、蘇峰と副島道正は、自分にとって生涯忘れられない人物である」と述懐している。

蘇峰は李光洙に「あなたも私の子になってくれよ。私の朝鮮の子になってくれ。わかったね。日本と朝鮮はひとつにならないとだめだ」と諭したという。さらに蘇峰は「政治には関与せず、一生を文章報国に専念せよ」と言い、「朝鮮の立場で見た東洋史を書け」と勧めた。

13歳で日本に留学し、教育を受けた彼のなかには、民族としての「朝鮮」と国家としての「日本」が常に併存していた。そして、日本の父である蘇峰の教えどおり、李光洙は「文章報国」の道を歩み、自身の文章を通じて民族を啓蒙し、朝鮮に文明開化をもたらすことが最大の目標となったのである。

李光洙的「愛国」のテーゼ

私は、かれこれ20年以上にわたり李光洙の研究をしてきて、彼の生涯の軌跡で発見したのは祖国に対する比類なき「愛」である。「親日」も愛国のひとつとして、愛族の一環として行った知恵だと判断する。

ああ！　祖国の領土よ
そのなかの二千万同胞よ
私はあなたを抱きしめるために帰った
あなたのために働き
あなたのために死ぬために帰ってきた
どこへ行ってもあなたのために動き

あなたのために献身したい！

1910年、明治学院卒業後、帰国して自分が釜山港に着いたとき、祖国の山川を眺めながら李光洙がうたった詩だ。「祖国」、そして「二千万同胞」のために献身するのが、自分自身の使命だと自覚していたことがよくわかる。また1936年11月に発表した「私の墓碑銘」では、次のように述べている。

私の子どもや家族、あるいは親友よ。私の死後、わざと墓を作り、碑石を建てることは、私は地下から止めることはできないが、もしもそうするのであれば、私としては『李光洙は朝鮮人のために仕事をした人間だ』という言葉を書いてくれたらと思うだけである。

さらに前出の小説『彼の自叙伝』に、こういう言葉も書き記している。

もしも人間が何回も死んで生まれ変わることができるとしたら、千万回も私は朝鮮人として生まれたいと誓う。そして私の手で朝鮮の山と野を、うっそうとした森と肥えた五谷と美しい花で飾りたい。朝鮮人を世界で最も力があり、栄光ある百姓にしたいと誓いたい。

このように常に祖国への愛国心、同胞愛があったからこそ、ペンの力と行動力をもって「独立」運動に身を投じた。1919年2月8日、東京の留学生が発表した「2・8独立宣言」を作成したのも李光洙であった。これは翌月の「3・1独立運動」のいわば〝導火線〟となったのである。「2・8独立宣言」を起草後、上海に亡命し臨時政府の設立に参画。そして『独立新聞』を創刊し、多くの文章を発表して「独立」を鼓舞した。1921年、韓国に帰国後も「民族自強」の思想を基にした「修養同盟会（のちに同友会）」を立ち上げた。

だが1937年、日中戦争が勃発すると、「独立」運動そのものが雲散霧消してしまった。

「私の親日は民族のため」

1940年代、いわゆる「内鮮一体」の一環としての「創氏改名」への協力（日本名：香山光郎《かやまみつろう》）、「大東亜戦争」における学徒兵志願の勧誘などにより、李光洙は「親日作家の巨頭」という烙印を押されることとなった。

戦後の1949年2月9日、李光洙は国会で通過した「反民族行為処罰法」によって親日文化人として、まっさきに検挙、逮捕された。

李光洙は調査官に、自分の親日行為についてこう答えた。

「私が親日行為をしたのは表面上の問題であり、私は私なりにそれをしなければならなかったた

半島文壇の大御所
李光洙さん
氏へ名乗り
一家揃つて「香山」姓へ
創氏の苦心を語る李光洙さん

李光洙の「創氏改名」を報じる1939年12月12日付の『京城日報』。
家族ともに「香山」姓を名乗った。

めやったのだ。私の親日は民族のためであった」

李光洙は当時の自伝的文章で、繰り返し「私の親日は民族保存のためであった」と主張している。実際2010年10月、私がソウルで開かれた学会で、アメリカ在住の学者である李光洙の次女、李廷華女史にインタビューした際、彼女は「父は当時、親日は民族のためにした。親日も民族を救えるひとつの道であったと言っていました」と証言していた。

私は李光洙のような当代朝鮮随一の天才が親日行為をしたのには、それなりの理由があったはずだと以前から考えていた。だから、「親日は民族のためにした」というこの言葉こそ、李光洙の真意をシンボリックに表していると信じてやまない。

1914年、シベリアを放浪していたころ、李光洙の「朝鮮独立戦略」はすでに彼の胸のなかにあった。彼は『勧業新聞』（1914年3月1日〜22日）でこう主張した。

「わが民族は独立を急ぐのではなく、独立のための準備こそが急務だ」

「独立のあとの人材を、まず養成するべきだ」

「縁木求魚（木に縁《よ》りて魚を求む＝無理な望みを求めること）を避けるべきだ」

このためには、まず日本の統治体制に適応し力をつけることが必要であり、武装抗日などはむしろ民族の犠牲を招くだけだということを、李光洙はずっと主張してきたのだ。

つまり、「民族のための親日」は、李光洙のきわめて現実的な思考から生み出された知恵だったのである。

東アジアの近現代史に共通することだが、平和な時期はともかく、戦時中は体制側の知識人はもちろん、反体制の知識人すらも、こぞって戦争賛成、礼賛する現象が多く見られた。日清戦争から日露戦争、日中戦争、そして太平洋戦争に至るまで、日本のあらゆる新聞、雑誌、放送網が総動員されたのは周知のとおりだ。日清戦争のみを見ても、徳富蘇峰、三宅雪嶺はもちろん、コスモポリタン的思想家の内村鑑三さえも、日清戦争は名誉ある「義戦」と礼賛した。福沢諭吉も、1万円（現在の価値で約1億円）を寄付している。

つまりここからわかることは、国民としての戦争動員、礼賛などは罪ではなく、単なる愛国的行為の一種にすぎなかったのではないか。

ならば、李光洙の罪が「親日反民族行為」だというのは、どうだろうか。

当時の朝鮮半島の住民は、すべて合法的な日本国民であった。そして、国民として日本国家の戦争を支持する行為はきわめて当然であり、本来「罪」になることなど絶対にない。

そもそも、戦争に反対する者には仮借なく「非国民」の烙印が押され、厳しく処罰された。無論、日本人も日本人になった朝鮮人も、非国民としてまともに生きることは不可能だ。この厳しい歴史を忘れてはならない。さらに言えば、李光洙らが戦争を支持したところで、実際に朝鮮民族が直接的な被害をこうむったわけでもないのだ。

北で消え去った肉体、生き続ける魂

実は、李光洙「親日論」の発端となったエピソードがある。1974年、文芸評論家の金八峰が『東亜日報』に発表した「春園の妄想」というエッセイだ。春園は李の号である。

それによると1944年11月、金は南京で開かれた第3回大東亜文学者大会に李光洙と同行した。当時、李は「朝鮮人の額を針で刺したら、日本の血が出るほど自分たちは日本的精神を体のなかに入れなければならない」という文章を書いたが、それについてある人に糾弾され、返答に迷ったらしいという話を金は聞いていた。そこで彼は、李光洙にその真偽を尋ねた。すると李光洙は、その話を事実だと認めながら次のように述べたという。

「日本人よりすぐれた朝鮮人は、選挙権を勝ち取って政治参加し、文部大臣や大蔵大臣になる日が来るだろう。そうなれば、日本人はこのままだと朝鮮人が日本の権力を握ってしまうと危惧し併合を取り消すはずだ。そうなったとき、自分たちは朝鮮半島を日本から取り戻して独立するのだ。私は将来をこう予見しているから、いま日本人に朝鮮人を信じ込ませるために、そんなことを書いたのだ」

金は、それを聞いて「バカげている」と言ったという。

これが親日派李光洙の妄想、妄言だとして批判されているのだが、歴史家の金源模は「これこそ李光洙の『独立準備』だ」と主張している。このような李光洙の「親日」は、「ギブ・アンド・テイク戦術」だと言うのだ。李光洙の発言は自虐的な側面もあるが、民族保存の使命感から発したものととらえるべきだということだ。

たしかに、それも一理あるだろう、だが私は、李光洙と同時代の人々は日本国民として自然にその統治体制に順応し、きわめて普通の感覚で体制を礼賛した、と見たほうが合理的だと強く思う。このような視点のほうが、いまの悪辣な韓国の親日派狩りの熱を冷ますのに、最も効果的な〝薬〟となるのではなかろうか。

1950年6月25日、朝鮮戦争が勃発。ソウルに侵入した北朝鮮軍によって、李光洙は拉致されてしまった。しかし、いまだ李光洙の最期は明らかではない。李光洙が1949年、「親日反民族法」によって韓国当局に連行された際、血書を書いて父の釈放を求めた長男の李永根と長女の李廷蘭、次女の李廷華は、アメリカ国民となっており、いまや80歳を過ぎた老人である。

1991年、李永根は北朝鮮に向かい、父の墓参りを行った。平壌近郊にある李光洙の墓の墓石には1950年10月25日死亡と刻まれているという。

李光洙は北朝鮮で強制労働中、持病の肺結核で亡くなったとされる。あるいは1952年、北京に移送されて治療中死去したという説もあるが、真相は不明だ。

実は本章で紹介した日本留学時代からの盟友にして、「近代朝鮮の三大天才」のひとり、洪命熹は１９４８年に北に渡って副首相になり（洪の娘は金日成主席の二番目の夫人になった）、李光洙の臨終の世話をしたという。戦後の再会は感無量であっただろうが、それでも北の独裁体制は李光洙を救ってはくれなかった。

このように朝鮮近代を代表する文豪、李光洙は、日本時代ではなく、自民族同士の戦争の最中、同胞によって謎の死を迎えた。李光洙は近代朝鮮の悲劇の巨人であり、同時にその悲劇は朝鮮民族の悲劇そのものと言わねばならないだろう。

しかし、李光洙は死んでいない。いまでも彼が愛した、また彼を愛する韓国民族の心のなかに不滅の魂として、巨大な精神として生き続けている。

著名な女流詩人の毛允淑《モユンスク》は、李光洙は常に韓国の未来、民族の未来のために苦しみながら、進むべき道を指し示した「未来の人間」だと評価した。また、東京大学の比較文学会にその名を冠した賞が設けられるなど、日韓双方で活躍した詩人の金素雲《キムソウン》は、親交があった李光洙について「誰よりも民族の背信者と罵倒されながら、誰よりも民族の運命に心血を注いだ人物」とし、「夏目漱石をも超えた卓越した文学者だ」と礼賛を惜しまなかった。

いつまでも厳冬に包まれたままの李光洙の墓。そこには、いったいいつになったら春が来るのだろうか。

第9章

社会に衝撃を与えた女性解放の先駆者

羅蕙錫《ナヘソク》（らけいしゅ）

1896年4月28日～1948年12月10日
画家、作家、社会運動家。朝鮮初の女性洋画家、女性作家、女性解放論者。兄のアドバイスで日本に留学。そこで知り合った夫と朝鮮人女性初の世界旅行を行う。その後、不倫と離婚で社会を騒がせつつ芸術活動と女性解放運動に尽力。戦後、行き倒れとなりこの世を去る。

日本との関係

1913年、朝鮮人として初めて東京の女子美術学校に留学。そこで、平塚らいてうの雑誌『青鞜』などを通じてフェミニズムに開眼する。のち日本の外務省に入省した金雨英と結婚。

「汚れた地で咲いた花」

ここまで、裴貞子を除いて紹介してきたのは、すべて〝親日男性〟ばかりだった。では、女性の知識人、文化人はいなかったのだろうか。

まずいえること、それは絶対的な儒教の倫理と論理に支配された朝鮮社会では、女性の立場、扱いは総じて悲劇的だったということだ。

一方、いち早く、かつ劇的に西洋近代化が進んだ日本は、当然の結果として儒教的桎梏《しっこく》からも脱することができたため、韓国ほどには女性の抑圧、差別は激しくなかった。

朝鮮でも1910年代になると、日本に学んだ「新女性」と称される新しいタイプの女性たちが現れ始める。彼女たちは、文学、言論や芸術などを通じて女性解放、自由恋愛、法的、倫理的な男女の平等を主張したのである。

だが、いまだ儒教的な道徳が支配する朝鮮社会において、彼女たちの挑戦は反社会的叛乱に等しかった。朝鮮という文化的に厳冬の地で、あまりにも早く芽吹き、あまりにも早く花咲こうとしたがゆえ、盛りを迎える前に枯れてしまったというのが実際のところだったのだ。

本章の主人公である羅蕙錫は、そうした新女性の代表的な人物である。

それにしても羅蕙錫を思い浮かべるたびに、私はいつも嘆息と痛惜の念を禁じえない。

朝鮮で初となる東京の女子美術学校留学生、朝鮮近代最初の女性西洋画家にして作家、朝鮮で初めて世界旅行をした女性、そしてフェミニズムの先駆者……。その多彩な〝枕詞〟とはうらはらに、彼女の散り際はとりわけ悲劇的であった。

1948年12月10日、極寒のソウルの路端で倒れた彼女は、見知らぬ人に病院に運ばれ、そのまま誰にも看取られず一生を終えたのだ。

記録では「死因は栄養失調、失語症、痛風、パーキンソン病、推定年齢は65〜66歳」。だが、死亡時の年齢は52歳だった。病魔と飢えに襲われ、外見は60代半ばに見えるほど老けてしまっていたのだ。

しかも翌年3月、官報に死亡公告が掲載され、ようやくその身元の確認ができたという。

彼女は生前、自分の子どもに「母が死んだら、お墓に来て花の1本でも献花してくれよ」と語っていたというが、献花したくても、彼女の墓はどこにもなかった。

なぜ当時の韓国社会は、時代を先取りした天才女性を、これほどまでに抹殺したのだろうか？

朝鮮近代最初のフェミニズム小説の誕生

羅蕙錫は１８９６年４月28日、ソウルの南、水原で地方官吏を歴任した羅基貞《ナギジョン》の次女として生まれた。羅家は祖父も役人を務めた裕福な名門一家だった。

幼いころから頭脳明晰で、明るい性格だった彼女は、当時の女性としては珍しく高等教育を受けた。１９１０年にソウルの進明女子普通学校に入学。文学と美術双方の教科で抜きん出た存在となる。在学３年間の各科成績は、なんとすべて99点以上で、当然のことながら首席で卒業した。

１９１０年に東京の蔵前にあった東京高等工業学校（現・東工大）付属工業専門部で学んだ兄の羅景錫《ナキョンソク》は、女性も新学問を学ぶべきだとし、妹の羅蕙錫を東京に留学させた。

こうして１９１３年、羅蕙錫は東京の私立女子美術学校に留学し、西洋画を専攻したのである。朝鮮人女性として最初の西洋画家のスタートであった。

留学中、美術以外にも西洋倫理、近代思想など幅広く勉強した。そのころ、日本に大量流入した西欧思想のなかに、すでに女性解放論や男女平等などの自由主義思想もあった。

当時、羅蕙錫は『白樺』『青鞜《せいとう》』といった文芸誌を愛読して、そこからアナーキズムや個人主義思想の影響を受けたのである。

なかでも１９１１年に創刊された『青鞜』は、ご存じのとおり西洋の近代思想、ことに「女性運動」「男女平等」を強く打ち出した、日本近代史に大きな足跡を残す女性月刊誌である。発起人は平塚らいてう。創刊号に掲載された平塚による創刊の辞「元始、女性は実に太陽であった」は、あまりにも有名である。

羅蕙錫は『青鞜』に心酔し、「理想的婦人」という文章において、「天才的理想像」として平塚らいてうの名を挙げた。平塚の考え、そして『青鞜』の思想に強い影響を受けたことは、のちの韓国で展開するフェミニズム的文章や活動にもよく表れている。

近代朝鮮の新女性、羅蕙錫はこうして東京で誕生した。当然、羅蕙錫は日本留学中、他の朝鮮人留学生、たとえば本書でも紹介した李光洙、金性洙など近代史のそうそうたる人物と親交を深めた。もっとも彼女自身、清楚な容貌、そして鮮やかな弁舌から、在日留学生のあいだでも、かなりの「有名人」であったという。

前章でも見たように、李光洙による韓国近代文学の最初の小説『無情』が誕生したのは1917年のこと。その翌年に発表されたのが、羅蕙錫の小説『瓊姫（キョンヒ）』だった。当時の在日留学生のあいだでは、『無情』と同様、人気を博したという。

何といっても『瓊姫』は、朝鮮近代最初のフェミニズム文学作品という重要な意味がある。自伝的性格のこの短篇小説は、新女性としての「自我」を見出し、前近代的な束縛から逃れる姿を描いているのだ。

自分自身の考えをもち、男に依存せず、主体的に行動する女性主人公、そして個人と自我の重要性を訴えるという内容は、同時代の男性作家よりも時代的に早かった。

ほかの文章でも、羅蕙錫はフェミニズム的「自己」の存在の重要性を主張し、女性の解放や人間関係や自由恋愛、そして家庭でも「自己」の成立が優先でなければならないと力説している。利己的な「自己」ではなく、独立した人格をもち主体的に動く「自己」である。

小説で、羅蕙錫は「先祖や夫に食べさせてもらって生きるというのは、動物と違いない。人間であれば、当然、自力で食いぶちを探さなければならない。これこそが真理であり、ただ単に権利を要求するのではなく、独立した自己、個人として、自分の実力でそれを得るべきなのだ」と強調している。

その後もフェミニズムの先駆者として、羅は自分の作品、文章で、女性はまず「人間」「自己」「個人」であるべきだと主張し続けた。彼女は1929年、ソウルで創刊された雑誌『三千里』の「この世界で一番大切なことは何ですか?」というアンケート調査でも、「私の個人が一番大切です」と答えている。

イプセンと平塚らいてうへのオマージュ

1918年4月、羅蕙錫は東京女子美術専門学校を卒業すると、韓国に帰国した。そして、しばらくのあいだ、母校の進明高等女学校や貞信女子高校で教師を務めながら、美術作品の創作と文筆活動に力を入れた。

当然、彼女は日本で学んだ知識と思想で、朝鮮社会を啓蒙する役割が自分自身にあることを自覚していた。そのため女性解放、自由、個人、そして女性も人間だというフェミニズム的なテーマをもつ芸術作品や小説、言論などを通じて啓蒙活動を展開したのである。

そして１９２１年、羅蕙錫にとって最初の個人展が開かれた。「朝鮮唯一無二の女性画家」羅蕙錫の「洋画展覧会」は当時の大きなニュースとなり、個展は初日から大盛況。実際、『毎日申報』では「人山、人海の大盛況」と報道され、翌日には来場者数が４、５０００人に達したという。また、会社員の平均月収が20円程度だった当時、１点３００円もする作品が完売したように、信じられないいくらいの大成功だったのである。

羅蕙錫は韓国に近代油絵を定着させた、最初の画家でもあった。ただし当時の社会には、いまよりはるかに芸術家を受け入れる余裕などない。そのため、男性画家たちが時代を嘆きながら次々と画筆を折るなか、彼女は時代に屈せず、自我の表現方法としてひたすら絵を描き続けた。

文学、言論の分野でも羅蕙錫は時代を切り開いた先駆者であった。１９２０年2月、同じく朝鮮近代女性文学の先駆者のひとりである金一葉《キムイリョプ》らと雑誌『新女子』を創刊。同年7月には文芸同人誌『廃墟』の創刊にも参加した。金一葉や朝鮮自然文学の祖となった廉想渉《ヨムサンソプ》ら先端的な作家と親交を結びながら、雑誌、新聞への寄稿や自分の作品を通じて民族意識や近代思想を広め続けたのである。
1921年1月25日から『毎日申報』に、女性の解放をうたったノルウェーの作家イプセンの名作『人形の家』が連載された。この作品は、羅蕙錫ら新女性に多大な影響を与え、作品の主人公ノラは女性解放のシンボルとなったのである。この挿絵を描いたのが羅蕙錫だった。

そして『人形の家』の連載が終わった翌日である1921年4月3日の『毎日申報』に、一編の詩が掲載された。タイトルは小説同様『人形の家』。その一部を見てみよう。

「人形を放せ」
夫や子どもたちに対する義務のように
私には神聖な義務がある
私を人間にする
使命の道を踏んで
人間になるために
(中略)
ノラを放せ
最後の純粋な良心で
厳密に仕切られた

壁から
堅固に閉ざされた
ドアを開けて
ノラを解き放してやれ

実は、この作者こそが羅蕙錫だ。彼女の代表作としても知られるこの詩は、「女性は人間である」という、イプセンの『人形の家』と、平塚らいてうの「元始、女性は実に太陽であった」にオマージュをささげるような内容となっている。

くわしくは後述するが、当時、すでに結婚し、長女を出産していた羅蕙錫は、〝人形〟ではなく〝人間〟として生きたかったのだ。「人間になる」は、羅蕙錫の女性として追求してやまなかった生涯の目標であり、彼女の作品に通底する大きなテーマでもあった。

儒教の因習がいまだ根強く社会を覆っていた朝鮮で、女性は夫や家族の付属品としか扱われなかった。羅蕙錫の文章、作品は、そうした前近代的観念を根底から批判する〝檄文〟のような存在だったのだ。だが当然、そのまま受け入れられるような時代ではない。社会を揺るがした代償を、彼女は払わされることになる。

世間の度肝を抜いた結婚の4条件

夫や子ども、家族に束縛されないノラをロールモデルとした羅蕙錫は、道徳ではなく自我のおもむくまま、奔放な私生活を送った。

多彩な恋愛遍歴を重ねたその人生は、日本で同時代を生きた女流作家、宇野千代（1897〜1996年）を彷彿とさせる。宇野千代は尾崎士郎、東郷青児や小林秀雄など名だたる名士たちと恋愛、別離を繰り返す華麗な恋模様で知られていた。羅蕙錫も、宇野ほどではないにせよ、恋多き女として、当時の韓国社会のスキャンダルの主人公となったのだ。

1910年代、日本留学時代に彼女は、もうひとりの兄である羅弘錫《ナホンソク》の紹介で同じく留学生であった詩人の崔承九《チェスング》と知り合い恋仲となる。その後、兄が李光洙に妹の羅蕙錫の面倒をみるように頼んだところ、交流を深めるうちにふたりは恋人同士になってしまう。だが、李光洙は当時既婚者だった。そのことを兄が咎めたことにより、ふたりの恋愛関係はあっけなく破綻してしまう。ちなみに、前章で紹介した李光洙の小説『無情』は、羅蕙錫をモデルにしているという説もある。

さらに羅蕙錫は、金雨英という10歳年上の男と出会う。金雨英は1886年生まれで、京都帝国大学法学部を卒業後、弁護士となり、のちに日本外務省の官僚にまでなる英才であった。

金は最初の妻と死別後、2年間に渡り羅蕙錫を追いかけた。そのとき、金には前妻とのあいだに生まれた娘がいたにもかかわらず、である。そして1920年、羅蕙錫は家族の反対を押しのけ金と結婚する。ただし、ありきたりの結婚ではない。彼女は金に4つの条件を突きつけたのだ。

1. 生涯変わらず私を愛してくれること
2. 芸術創作活動を妨害しないこと
3. 姑と前妻の子とは別居すること
4. 崔承九の墓に碑石を建ててあげること

金はこれ受け入れ、晴れてふたりはソウルの貞洞《チョンドン》教会で結婚式を挙げたのである。それにしても、初恋の男の墓石を建ててくれというのは、いまの時代から見ても、いささか破格にすぎる要求ではなかろうか。しかも、ふたりが新婚旅行先として訪れたのは、崔承九の墓のある全羅南道の高興であったのだ。無論、このような結婚が当時の朝鮮社会を騒がせたことなど、言うまでもない。

1923年、羅蕙錫は長女を出産した。自分で子どもをつくったのだから母になるのは当然だと思われたが、「母性は本能ではない」とし、子どもを育てることの崇高さに触れながらも、「母性は人為的に強要された」「母性愛の神話はない」などと発言し、母というステレオタイプの立場に立つことを忌避したのである。当然のことながら、いまよりもずっと男性優位の社会において、彼女の発言は〝炎上〟したのだった。

旅行先での不倫と抵抗の証し「離婚告白書」

羅蕙錫は、冒頭でも紹介したように、西洋旅行をした朝鮮人女性第1号でもあった。

1927年6月から夫の金雨英と同行して、ヨーロッパとアメリカをめぐったのである。外務省の官僚であった夫は、総督府の褒賞として世界一周旅行の幸運を手にしたのだ。

朝鮮から満州に向かい、シベリア横断鉄道でパリへと到着。そして、スイス、ベルギー、ドイツ、スウェーデン、ノルウェーとめぐり回った。羅蕙錫は、これまでは文字でしか読んだことのない西洋文明を目の当たりにし、すっかり心奪われてしまった。ことに、羅蕙錫にとって「死ぬほど行きたかった」のがパリ、フランスであった。ここで彼女は西洋芸術の真髄、美的感覚を吸収し、さらに男女平等の近代化を体感したのである。

7月、夫の金雨英はベルリンへ法律の勉学に行ったが、彼女はパリに残った。その理由は「男女関係、女性の地位に真摯に悩み、その答えを探すため」であった。そして羅蕙錫は、やがてパリでひとりの男性と運命的な出会いを果たす。1878年生まれ、18歳年上の崔麟《チェリン》である。崔は日本留学経験者で、3・1独立運動にも参加した朝鮮社会のエリートでもあった。夫の金は、崔に妻のパリの案内をするように頼むほど仲が良かった。

ふたりはレストラン、劇場、博物館など一緒に見て回るうちに恋に落ちてしまう。だが、ほどなくふたりの不倫は、パリの朝鮮人社会で騒がれるようになる。すると羅蕙錫はこう言った。
「私はあなたを愛します。でも、夫とは離婚しないの」

羅蕙錫は、女としての堂々たる独立した自我を、いわば「不倫」という形で体現したのである。だが、崔との不倫スキャンダルに関してだけは、夫は決して許しはしなかった。ふたりはいったんは朝鮮に帰国後したが、その後も羅蕙錫が崔と連絡を取っていたことを知り激怒。「結婚後ずっと妻だけを愛する」とした約束を自ら破り、新しい恋人と同居し始めた。結局1931年、羅蕙錫は金雨英との離婚を余儀なくされてしまう。

夫のいる身での浮気……。現在でも不倫は周囲を巻き込む大騒動になり、ときに家族の分裂を招く。まして、まだまだ旧習が残る当時の朝鮮では、想像もできない「邪悪」な行為とされたのも致し方なかった。当代きっての新女性として、文学、美術を中心に最高のレベルで時代をリードしていた羅蕙錫にとって、「離婚」というラベルは、いままで積み上げてきたすべての名声を地に落とす〝大汚点〟となってしまった。

だが、ここでただ落ち込むだけではないのが、羅蕙錫の羅蕙錫たるゆえんだ。当時、羅蕙錫のように女性の不倫に比べて、男性の不倫はさほど問題視されなかった。そこで1934年、羅蕙錫は、夫、金雨英との離婚までの過程を詳細に記した「離婚告白書」を雑誌『三千里』に発表したのだ。その一部を引用してみよう。

朝鮮の男はおかしい。自分は貞操観念がないにもかかわらず、妻には貞操を強要する。また他人の貞操を奪おうともする。西洋や東京の人々であれば、もし自分に貞操観念がなければ、他人の貞操観念のないことを理解し、尊重するはずなのに。

朝鮮の男性たちよ、よく見てほしい。朝鮮の男性は実におかしい。貴賤問わず、正室、後室と多数の奥さんを迎えながらも、女性には貞操を要求する。しかし、女子も人間だ！ 一瞬に噴出する感情に心乱すこともあり、錯誤を犯すこともある。夫の妻であるまえに、子どもの母親である前に、まずは私は人間なのです。

私は、あなたたちの玩具になることを拒否します！ 私の体が火花となって燃え続き、一握りの灰になるとしても、将来、私の血と叫びがこの地にまかれ、後世の女性たちは、より人間らしい生活をしながら、私の名前を記憶するでしょう。ですから、少女たちよ！ 目覚めて、私について奮起し、力を発揮してほしい！

羅蕙錫の「離婚告白書」は、まさに全朝鮮男性、そして男性優位社会に対する真正面からの痛烈な批判であり、反抗であった。

しかも、羅蕙錫の反抗はこれでは終わらない。すでに別れていた浮気相手の崔麟に対し、離婚補償費請求訴訟を起こしたのだ。栄誉を失った彼女に対し、崔麟は社会的にも高い地位にいたままだった。そのため羅蕙錫は、「個人」としての独立性と個性を前提として、自分の貞操権がないがしろにされたことに対し、愛人に法での裁きを迫ったのだ。

結局この訴訟で羅蕙錫が手に入れたのは、多少の補償金だけ。その後、華やかな暮らしに戻ることはなく、最後は養老院に入り、1948年、52歳のときに本章の冒頭でも触れたように、行き倒れとなってこの世を去った。

火花のように生きたヒロイン

いまから100年近く前、儒教の因習が根強く残っていた朝鮮社会で、これほどまでに先進的な女性がいたこと自体が驚きではなかろうか。彼女が残した言葉はいまでも通用するものが多々ある。最後に振り返っておこう。

1. 貞操は道徳でも法律でも真理でもなく、ただの趣味である。
2. 賢母良妻は、理想でも、必ず守るべきものでもない。女性を玩具とするため婦徳が奨励されたにすぎない。

3. 女も人間だ。女も人間らしく生きるべきである。
4. 人間には霊と肉がある。霊と肉の合一こそ真の愛が生まれる。
5. 母性は本能ではなく、経験である。
6. 自分の道は自分で探していかなければならない。
7. たった1日でも、真と誠の生を生きよう。
8. 私は人々の非難を受ける。しかし私は自分の道には後悔はしない。
9. 私の子よ！　君らの母は過渡期の先覚者としての運命によって犠牲になったのだ。
10. 現在、この道を歩く私は犠牲になるけれど、未来の女性の道しるべになるだろう。

日本で平塚らいてうを知り、女性としての生き方に目覚めた羅蕙錫。平塚も『人形の家』のノラも超え、現実社会で見事に新しい女性像を体現した唯一無二の人物ではなかったか。

現在、羅蕙錫の故郷水原には彼女の像が建っている。『羅蕙錫全集』が出版され、「羅蕙錫研究会」も結成されたように、韓国社会で再びヒロインになっている。

韓国では羅蕙錫をこう呼んでいる。「火花のように生きたヒロイン」と。

第10章

日本と朝鮮を結んだ「韓国近代農業の父」と「朝鮮人類学の祖」

禹長春《ウ ジャンチュン》
（うちょうしゅん）

1898年4月8日～1959年8月10日
農学者、育種学者。日本生まれ。父は朝鮮人で母は日本人。東京帝大から農林省に入省。植物のゲノム解析で世界的な功績を残す。戦後、韓国に渡り農産業の立て直しに尽力する。

日本との関係

東京帝大、農林省を経て坂田商会（現・サカタのタネ）、タキイ種苗に勤務。日本人の妻と結婚。娘は京セラの創業者、稲盛和夫の妻となる。

孫晋泰《ソンジン テ》
（そんしんたい）

1900年12月28日～1960年代？
歴史･民俗学者。1927年早稲田大学文学部史学科を卒業。朝鮮の民間伝承、民話などを研究し、朝鮮人初の民俗学者となる。45年、祖国に戻るも朝鮮戦争で北朝鮮に拉致され、以後、消息不明。

日本との関係

1920年に来日し、27年早稲田大学を卒業。以後、東洋文庫に勤務しつつ、白鳥庫吉、津田左右吉らに民俗学、歴史学の方法を学んだ。

日韓近代史が生んだ「数奇な運命の種」

本章では、禹長春と孫晋泰という日本で育ったふたりの学者を紹介しよう。

禹長春は、韓国では「韓国近代農業の父」として尊敬される世界的育種学者である。日本の農学界でも、「植物の遺伝学と育種を世界的レベルまで発展させた学者」として知られている。もっとも、一般的な知名度はほぼ皆無と言ってもいいだろう。

禹の父は韓国人で、母は日本人だった。1919年に東京帝国大学農科大学（農学部）を卒業後、日本の農林省の農事試験所に入所し、研究生活に励んだ。と、これだけなら、朝鮮人エリートの立身出世物語にすぎないだろう。だが禹の人生は、とても学者のそれとは思えないくらい数奇な運命に彩られていたのだ。

詳細はのちほど説明するが、父の禹範善（1858〜1903年）は、あの有名な閔妃暗殺事件の首謀者だった。まさにその影響で、禹長春はその人生の大半を日本で過ごすことになったのである。

それでも、「韓国近代農業の父」と呼ばれ、韓国の道徳の教科書にまで載っており、韓国では知らない人はいないと言っても過言ではないくらい有名人なのだ。

なぜ、そこまで韓国人に支持される学者となったのか。その背景と謎について、本文で追って見ていこう。

一方、孫晋泰と聞いても、ほとんどの人はピンとこないだろう。民俗学、歴史学の研究者のあいだでは知られているが、あれほどすぐれた学者にもかかわらず、一般にはほとんど知られていない。

私自身、孫晋泰の存在を知ったのは、同志社大学に留学中の1992年のことであった。日中韓の民間説話の比較研究のため資料を調べていたところ、孫が名だたる日本人学者とともにさまざまな研究を行っていたことを知ったのだ。

その周りに出てくる名前をざっと上げただけでも、白鳥庫吉《くらきち》、柳田国男、津田左右吉《そうきち》、内藤湖《こ》南《なん》、金田一京助など、そうそうたる大学者ばかりである。

孫は日本に留学し、1927年、早稲田大学文学部史学科を卒業後、東洋学の専門研究所である「東洋文庫」に就職。その後、朝鮮に戻り民俗学、歴史学の研究を続けた。

では、どうして日本にもゆかりの深い孫晋泰の名が、歴史の谷間にうずもれてしまったのか。

その裏には、朝鮮半島を襲った民族の悲劇がからんでいた。

閔妃暗殺後、日本へと亡命した父

禹長春の説明をする前に、禹の父である禹範善がどういう人物だったのかを見ていこう。父は、科挙に合格し、その後、日本が新設した軍隊に入隊。順調にエリート軍人として、出世していったのである。

と同時に、開化派に共鳴し日本の近代的革命をモデルと考えた彼は、親露路線を取る閔妃たち守旧派こそが、朝鮮の近代化改革を阻害する元凶だと確信。1895年10月、閔妃暗殺作戦に参加し、見事成功に導いたのである。当時、朝鮮軍訓練隊の第2大隊長を務めていた。

ところがその後、日本との協調を目指していた開化派政権が倒れ、親日勢力が弱体化。身の危険を感じた父の禹範善は、日本へと亡命したのである。

日本で禹範善は、朝鮮の「志士」としてもてはやされ、やがて日本人女性の酒井ナカと結婚。そして1898年、禹長春が生まれたのである。父の禹範善は1900年8月、家族とともに広島県の呉市に転居した。

だが、その3年後、禹家に悲劇が襲う。父の禹範善が1903年11月に朝鮮から来た高永根によって暗殺されたのだ。第5章でも説明したように、高永根は禹範善が殺害した閔妃の寵愛を受けていた。その復讐のため禹範善の命を狙ったのである。禹長春6歳のときのことであった。

父が亡くなった後、母のナカが女手ひとつで家計を支えたが、経済的に苦しい状況が続いた。だが、生活力が強かったナカは、禹長春を愛情込めて育てたのである。

そんな禹長春は、幼いときから聡明で、とにかく勉学に励んでいた。広島県立呉中学を卒業後、当初は京都帝国大学工科大学（工学部）への進学を考えていたが、開化派リーダーの朴泳孝から朝鮮総督府を経由した学費の支援とリクエストに応じ、東京帝国大学農科大学（農学部）に優秀な成績で入学を果たす。

学生時代、朝鮮では独立運動が盛り上がり、日本の大学にいた朝鮮人留学生のなかにも、それを支援する者が多くいたが、禹長春はこうした運動にまったくかまけず、自分の研究に没頭。まさに「3・1独立運動」が起きた1919年、無事大学を卒業した。

禹長春の回想によれば、母は常に彼にこう強調していたという。

「あなたの父は、優秀な人物だった。あなたも父の国のため将来有益な人材になるのだよ」と。

小学生のころ、禹長春は日本人の生徒にいじめられたこともあった。そのとき母は道端で泣いている禹長春に、野生のタンポポを指しながらこう教えた。

「タンポポは、いくら踏まれても、かならず花を咲かせるのよ。あなたも苦しいけれど、逆境にくじけずに偉い人になるんだよ。きっとそうなれるはずだから」

母の説く「タンポポ精神」は、生涯、禹長春の信念になった。

禹長春は東京帝大を卒業すると、すぐ農林省の西ヶ原農事試験所に就職した。ここで本格的に農業やアサガオの遺伝子研究などに没頭した。そして1922年、禹長春はアサガオに関する論文を発表し、学界の注目を浴びる新鋭となったのである。

稲盛和夫の岳父になったゲノム研究の世界的先駆者

1924年、禹長春は日本人女性の渡辺小春と結婚した。小春は禹長春が家庭教師を務めた家の娘で、長岡師範学校を卒業後、小学校の教師をしていた。

その前年の1923年9月に発生した関東大震災で、多くの日本人が朝鮮人に殺されたというデマが流されたせいもあり、小春の両親は禹長春との結婚に猛反対した。だが、禹長春のことを愛していた小春は、家族の反対を押し切り禹長春と結婚する意志を貫く。彼女もまた、毅然とした近代女性だったのである。

だが、ここでもうひとつ問題があった。禹長春は日本国籍ではなかったから、将来生まれてくる子どもたちが、また差別など不合理な目にあう恐れもあったのだ。そこで、父の知人でもあった栃木県佐野の豪農、須永元《すながはじめ》のつながりで、須永家に夫婦ともに養子として入籍し、須永姓を名乗ることにしたのである。

実は須永元は、第1章でも紹介した金玉均の師でもある福沢諭吉の教え子だった。そして須永自身、金玉均や朴泳孝ら開化派の亡命者を支援していたのだ。

ちなみに、禹長春と小春のあいだに生まれた子どもたちも、それぞれ両親に負けないくらい、ほかの人とはひと味違う人生を歩んだ。

たとえば四女の朝子。朝子の夫は、実はその名を知らないビジネスパーソンはいないであろう、京セラを立ち上げた日本を代表する大経営者の稲盛和夫である。朝子は、稲盛が京セラを立ち上げる前に所属していた会社の同僚だった。つまり、禹長春は稲盛和夫の義理の父にあたるのだ。

加えて、長男の須永元春も京セラの社員。次女の昌子、三女の葉子の夫は、それぞれ父の禹長春と同じく農学博士であった。

話を戻そう。1926年、禹長春は鴻巣市実験基地所属研究室に異動となり、野菜と種の研究に没頭した。1929年だけで発表した研究論文は3本にも上り、このころペチュニア（ツクバアサガオ）の全8重の作出法「完全八重咲き理論」を発見する。これをもとに坂田商会（現・サカタのタネ）が事業化し、世界的な商品となったのだ。

さらに現在、人間をはじめガンなどの病気のゲノム（遺伝情報）の解析競争が世界的に行われているが、1930年代に禹長春はすでにアブラナ科植物のゲノムを解析していた。

そして、在来ナタネ・クロガラシ・キャベツの3種のゲノム解析などを行い、その三者の関係を理論的に明らかにした1936年の学位論文「種の合成」で東京帝大から朝鮮人初の農学博士号を取得。これにより、「禹長春のトライアングル」と世界的に呼ばれる「種の合成理論」を確立したのである。

この研究は、ゲノムを土台に既存の植物を作り出した世界初の事例となった。その後も、現在に至るまで禹長春が導き出した理論は、遺伝学や育種学の研究に大きな影響を与えている。いま、日本で食べられているキャベツや白菜などの野菜は、禹長春の品種改良によって生み出されたものだという。

その後1937年、京都のタキイ種苗に転職。終戦で退職するまで、農場長として勤務し続けたのである。

「親日派の子」から「近代農業の父」へ

1948年7月、大韓民国が成立し、李承晩が初代大統領に選出された。だが、国は新しくなったものの、農村は疲弊しきっており食糧不足に悩まされていた。そこで、禹長春を帰国させその力を借りようという機運が官民挙げて高まり、「禹長春博士還国推進委員会」なる組織まで設立されたのだ。

日本で生まれ、日本人として生き続けた禹長春は当然、韓国語が話せなかったが、祖国のために自分の技術を活用できれば、という愛国者的使命感はあった。そこで、帰国を決意。当初は妻子とともに韓国へ渡ることも考えていたが、ときあたかも朝鮮戦争直前の混乱期で、何が起こるかわからなかったので断念し、1950年3月8日、単身祖国へと戻ったのである。到着した禹長春を出迎える人々で、釜山港は黒山の人だかりだったと伝えられている。

李承晩大統領は、禹の歓迎会に「よく帰ってきてくれた。感謝の気持ちで一杯だ」という電報を送った。一方、禹長春はこう述べたという。

「私はいままで母の国、日本で努力してきました。しかし、今日からは父の国で骨を埋めるつもりで努力します」

1950年5月、禹長春は韓国農業科学研究所所長に就任。日本で開発した品種と研究成果を応用して、白菜、大根の種子をつくり、F1（雑種第1代）品種を育成することに成功した。

日本人の感覚からすると、韓国では古くから今日のようなキムチが食べられていたと思いがちであるが実はそうではない。禹長春の努力によって誕生した改良種子が登場したことにより、現在のような大きくて豊満な白菜や大根を育成するようになり、その結果、韓国人は手軽にキムチを作れるようになったのである。

1953年8月、日本に残してきた禹長春の母が死去した。最愛の母の訃報を受けた禹長春は帰国を望んだが、李大統領は許可しなかった。ひとたび禹が日本に帰ったら、二度と韓国に戻ってこないと懸念したからだといわれる。これほど韓国農業にとって、禹長春は救世主のような存在であったのだ。

禹の指導により、韓国は1950年代半ばに、ようやく白菜や大根を自給できるようになった。また、禹は土壌調査で済州島を訪れた際、現地の天候からミカンの栽培を勧めたところ、島の農家はこぞってミカン栽培に乗り出し、その後、済州島は韓国最大のミカン生産地となっている。ほかにも、ジャガイモや稲などの品種改良にも尽力。李大統領から農林大臣就任の要望があったが禹長春は固辞し、ひたすら農業研究に精力を注ぎ込んだのである。

1959年、体調がすぐれず病院に入院。妻の小春も韓国へと渡り、禹をつきっきりで看病したという。そして闘病生活を送っていた8月7日、農林部長官が病床の禹のもとを訪れた。大統領から贈られた国民にとって最高の栄誉にあたる「大韓民国文化褒章」を授与するためである。禹長春は胸の上に置かれたメダルに触れながら、「ありがたい。祖国は私を認めてくれた……」と涙を流したという。

その3日後の8月10日、禹長春は静かにこの世を去った。61歳だった。

禹長春は、ひとりの科学者が国や社会にどれほど巨大な影響を与えるか、その生涯を通じて立証した人物といえよう。祖国での9年間の努力と、その弟子たちによって韓国農業は驚くほど発展した。

韓国で「親日派の子」から「近代農業の父」になった禹長春。いまでも国民的に愛され、道徳の教科書にも英雄として紹介されている。

激動の日本と韓国の近代史の合作で誕生した禹長春がまいた種は、世界中で食されている野菜類、あるいは遺伝学の研究室、そして日韓の田畑で花開き続けている。

まさにその名のとおり、長い春を永遠に楽しむかのように。

日本屈指の学者との交流で生まれた朝鮮民俗学

続いて孫晋泰を紹介しよう。孫は、1900年12月28日、現在の釜山市近郊で生まれた。5歳のとき、水害で母と祖母を失い、親戚の家を転々とするという不幸な幼年期をすごした。12歳でソウルに上京したが、学費を稼ぐため平壌に行って雑貨を売るなど、苦学生生活が続いた。その後、1919年の3・1独立運動に参加したが逮捕。4カ月の懲役を命じられ、釜山刑務所に収監されたこともあった。

そんな孫晋泰の人生に転機が訪れる。日本留学の機会を得たのだ。高麗大学の崔光植《チェグァンシク》教授による「孫晋泰の生涯と学問活動―新しい資料を中心に」(『歴史民俗学』11集、2000年)によれば、孫は、戦後にソウル大学の初代総長を務めた教育者である崔奎東《チェギュドン》の支援で中学校へ入学し、民族主義的な歴史意識に開眼した。中学2年のときに朝鮮史に関する書籍の編著を企画したというのだから、普通の中学生ではなかったのだろう。

そして、1920年に渡日。1924年3月、早稲田第一高等学院を卒業し翌月、早稲田大学史学科に入学する。

孫は在学中の1925年から、東洋文庫へ出入りして資料を研究した。東洋文庫は民間レベルでは、世界でも指折りの規模を誇る東洋学の研究基地である。1917年、イギリス人ジャーナリストで、1911年から中華民国総統府顧問を務めていたジョージ・アーネスト・モリソンが、モリソン文庫と呼ばれる東アジア関連の文献2万4000冊を三菱財閥の第3代当主である岩崎久彌に譲渡。そして1924年、岩崎が東京の本駒込に民間図書館兼研究所として設立したことに始まる。

そこに入り浸っていた孫は、早稲田大学を卒業してから3年後の1930年、東洋文庫の職員として勤務することになった。孫は、恵まれた学術環境のなか、東洋文庫が所蔵する中国、満州、日本、シベリアなど朝鮮半島の近隣の文化人類学、民俗学から民間伝説に至る膨大な量の資料を渉猟したのである。と同時に、当時の日本で屈指の学者たちとも交流。こうして、外から朝鮮という国と民族を客観視する研究手法を身につけた。

そのなかで知遇を得たのが、東洋史学の巨人と言われる白鳥庫吉東京帝大教授である。当時、文化史的な視点を重視する学者が日本の史学界を主導しており、その代表的な人物が、白鳥やその教え子である津田左右吉早稲田大学教授、内藤湖南京都帝大教授らであった。

日本の歴史学者が伝統的に日本の史料、文献を中心として日本史を研究したのとは対照的に、白鳥庫吉は日本と中国、朝鮮、満州、シベリアを主な研究対象とした東洋史学派を形成し、当時の日本史学界をリードしていた。

東京帝大教授を経て、1924年の東洋文庫設立とともに理事・研究部長に就任した白鳥と知遇を得たことは、孫の学問にとって計り知れない影響があった。1932～1933年、孫は「帝国学士院の学術研究費補助」を受け、朝鮮巫俗信仰に関する調査を行い、数々の論文を執筆した。これは、白鳥の支援なしには不可能なことであった。

さらに孫晋泰は、日本民俗学の父ともいえる柳田国男や、同じく民俗学者の高木敏雄などから多大な影響を受け、朝鮮の民間伝承、民話などを研究し始める。

また、歴史学、人類学の分野で孫に大きな影響を与えたのは、前出の津田左右吉と早稲田大学の西村眞次教授であった。津田は1901年、28歳で『新撰東洋史』を上梓し、その後、日本書紀、古事記を批判的に研究。神武天皇以来の神話の実態を明らかにした「津田史観」と呼ばれる、現在まで歴史界の主流となる見解を打ち立てた。

一方、西村はドイツやイギリスなどの文化人類学を日本に紹介し、自らも「文化人類学」という言葉を初めてタイトルにした書籍を執筆するなど、史学から人類学まで幅広い研究で知られる博覧強記の学者であった。

崔光植高麗大学教授によれば、孫は津田から批判的な文献研究のやり方や文化史的な研究方法を学んだ。津田の影響で孫は、民間伝承、民話のみならず朝鮮固有の思想、信仰を生涯の研究課題としたのだ。さらに、西村の下で学んだ文化人類学的な研究方法は、自身の実証、資料収集にとっての大きな指針となったのである。

「新民族主義史観」による朝鮮史の再構築

孫は1923年から日朝両語で精力的に論文を執筆した。金廣植《キムクァンシク》立教大学講師の論文「新民族主義史学における古代史の展開」によれば、民俗学、人類学分野において、当時の朝鮮人でこれほど多量な論文、著述を残した者はいなかったという。また、孫は柳田国男や言語学の大家金田一京助との対談会を組まれるなど、当時の学界からも朝鮮を代表する人文学者として認められていたことがわかる。

孫は1932年、のちにソウルの国立民族博物館館長を務める宋錫夏などと朝鮮初の民俗学研究団体となる「朝鮮民俗学会」を結成し、翌1933年には学術誌『朝鮮民俗』を刊行するなど、日本にいる15年のあいだに名実ともに朝鮮民俗学の祖として、学会をリードするようになったのである。

1934年、孫は朝鮮へと戻った。そして、高麗大学の前身である普成専門学校などで文明史や東洋史を教えた。このとき、孫は朝鮮各階層の民俗、考古学資料を広く収集し、1934年、現在の高麗大学校博物館を設立したのである。

1945年、孫は京城帝国大学史学科に転職し、戦後はその延長線でソウル大学史学科教授となる。1948年の大韓民国建国後、文部省次官兼編修局長に転じ、翌1949年、ソウル大学師範大学学長、1950年に同文理大学長に就任した。

孫の韓国での研究業績は、すべて日本で20～30年代に学び蓄積した学問の厚みから由来していた。孫は朝鮮におけるそれまでの学問を反省し、民族史観の立場から民族の新しい研究手法をつくり出そうと力を尽くした。

結果、切り開いたのが「新民族主義史観」である。前出の金廣植立教大学講師が指摘したように、孫は新民族主義史観により、「国民（民族）中心のナショナル・ヒストリー（国史）を創り出そうとしていた」のだ。言い換えるなら、民族意識を救う〝文化装置〟として、新民族主義史学を生み出したのである。そして、この手法で朝鮮の歴史を批判し再整理、再構築するという業績を残したのだ。

私が思うに、日本で誕生した傑物を挙げるとするならば、文学界に李光洙があれば、人文学界には孫晋泰あり、といえるのではないか。

人類学で体系的な学問訓練を受け、現地フィールド・ワークとともに文献史的作業を並行した朝鮮人初の文化人類学者であり、朝鮮人類学の開拓者でもある。

しかも、李光洙とよく似た悲運の傑物でもあった。

孫は1950年に勃発した朝鮮戦争の際、避難に遅れて、不幸にも朝鮮人民軍に拉致されてしまったのだ。

いまでもその晩年は不明で、朝鮮労働党の幹部といわれ80年代に韓国に亡命した申敬完《シンギョンワン》などの証言によれば、軟禁生活を余儀なくされていたようだ。そして１９６０年代、国営農場で強制労働中、持病で死亡したといわれる。

日本で近代を学び、祖国で活躍した孫晋泰。だが、李光洙と同様、日本人によってではなく、同胞たちによって歴史の闇に葬り去られてしまった。

悲劇と言うには、あまりにも切ない物語の結末である。

第11章

日本から世界を制覇した「マラソンの英雄」と「半島の舞姫」

孫《ソン》基《ギ》禎《ジョン》
(そんきてい)

1912年10月9日～2002年11月15日
陸上選手。現在の北朝鮮新義州出身。高校時代に力をつけ、その後、世界記録を何度も更新。1936年、ベルリンオリンピックのマラソンで優勝し、戦後も韓国陸上界をリードした。

日本との関係

1935年、東京でマラソン世界記録を樹立。翌年、ベルリンオリンピックに日本代表として出場し優勝。40年、明治大学を卒業する。

崔《チェ》承《スン》喜《ヒ》
(さいしょうき)

1911年11月24日～1969年8月8日？
舞踏家。兄の勧めでモダンダンスの道を選び、日本はもとより世界的に人気を博す。モデルや歌手としても活躍。戦後、韓国を経て移り住んだ北朝鮮で謎の死を遂げる。

日本との関係

日本人舞踏家の石井漠に師事し、1926年渡日。川端康成ら多くの名士から支持される。戦時中は日本軍の慰問活動に積極的に参加した。

スポーツ界と芸能界を席巻した元祖韓流スター

一葉の興味深い歴史的写真がある。「スポーツの英雄」孫基禎と「東洋の舞姫」崔承喜のツーショットだ。ときは1936年10月、場所はソウルの有名料亭、明月館である。

韓国の崔承喜研究の第一人者である韓国中央大学鄭昞浩の労作『踊る崔承喜―世界を震撼させた女』によれば、当代の名士である呂運亨らが、孫基禎のベルリンオリンピックのマラソン世界制覇を祝う宴席をもうけた。その祝賀会に崔承喜も招待されたのである。

崔承喜は孫のマラソン優勝をラジオで聞いて、少女のような歓喜したという。同じ朝鮮民族として、孫の偉業に心からエールを送っていたのだ。一方、孫基禎は1933年、京城公会堂で崔承喜の舞踊公演を見たことがあったという。

孫基禎は1912年生まれで、崔承喜は1911年生まれ。1歳違いだが、学生服に身を包んだ孫と対照的に、崔はモダンなショートカットの麗人であった。

宴席で呂が「君たちこそ朝鮮を光り輝かせる真の愛国者だ」と絶賛した、このふたりのスーパースターと日本の関係とは、いかなるものだったのか。祖国に何をもたらしたのか。これから、掘り下げていこう。

東京の焼き肉店「明月館」で一緒に写真に収まる崔承喜と孫基禎。

孫基禎とわが金氏兄弟の不思議な縁

私が初めて「孫基禎」という名前を聞いたのは、1970年代初頭、中国で小学生のときであった。短距離陸上選手として活躍していた私たち兄弟に、親戚の60代の女性から孫の名前を聞いたのだ。彼女は、戦前のドイツ・ベルリンのオリンピックで朝鮮人として初めて金メダルを取ったマラソンの英雄、孫基禎の話をしながら、孫と自分は同じ新義州出身だと語った。

孫の一家は家計が貧しかったため、小学生のころから毎日走って通学したという。もとはスケート選手になりたかったが、スケート靴を買う金がなかったので、陸上競技に変えたというエピソードを、親戚の女性はよく語ってくれた。

たしかに大人になってから振り返ると、その話は孫基禎の自叙伝に出てくるものと完全に一致していた。

私と弟も陸上やサッカーが好きだったので、孫基禎に対するあこがれを抱いていた。その後、ソウルオリンピックが開催された1988年の末に、弟と私は韓国陸上連盟会長を務めていた孫基禎本人に宛てて手紙を送ったところ、孫との文通が始まり、私と弟が孫の偉業を初めて紹介する文章を中国の新聞に発表した。こうして「世界を震撼させた韓国スポーツ界の英雄」として、中国で孫基禎の名前が知られるようになったのである。

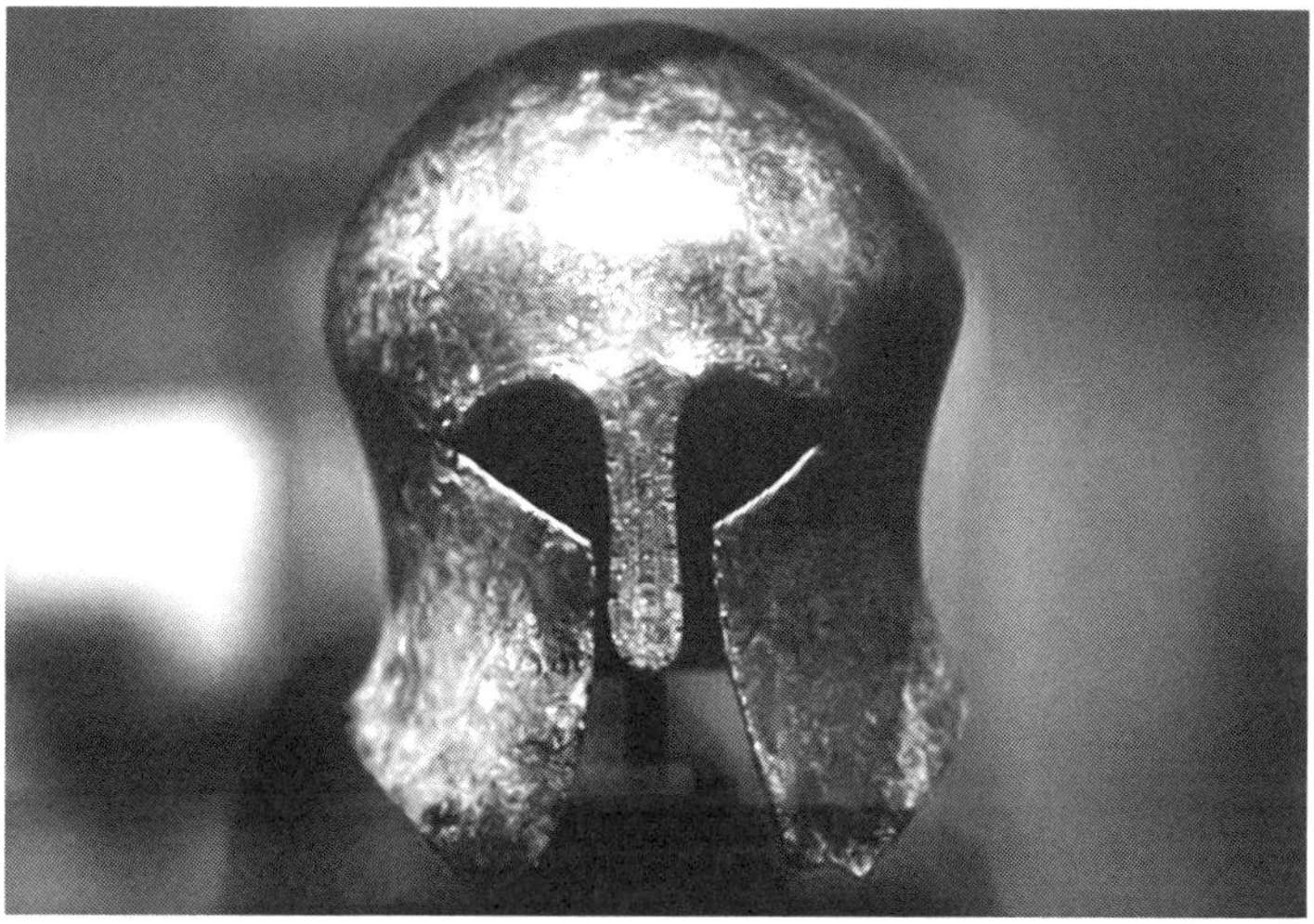
孫基禎から送られ、わが家の家宝となった「古代ギリシャ青銅兜」

孫基禎は深い謝意を表する手紙を私に送ってきた。そして、1989年の春、孫基禎から自叙伝『私の祖国　私のマラソン』（1983年）をサイン入りでいただいたのだ。私と弟はその自叙伝を中国語に訳して出版しようとしたが、結局、韓国との国交がなかったため、残念ながら出版には至らなかった。

その後、孫基禎本人から貴重な贈り物が届いた。青銅兜であった。1936年、ベルリンオリンピックでのマラソン優勝当時、副賞としてもらった「古代ギリシャ青銅兜」（しかし当時は孫に伝えられず、1986年に孫本人に贈られた）の模造品を送ってきたのだ。

私たち兄弟は、その後日本へ留学したが、わが金家の家宝として「孫基禎兜」はいまも大切に保管されている。

砲丸のように躍り出た男

１９３６年8月9日、ベルリンオリンピックのマラソン競技で、孫基禎は2時間29分19秒という当時のオリンピック記録で優勝した。身長１６０センチという、陸上選手では小柄な男の快挙に世界は震撼した。日本は自国民であった孫の優勝に熱狂した。もちろん、朝鮮でも世界の覇者となった同胞、孫に熱狂したのである。

赫い夕陽は場内に流れ染めた午後五時半十萬の眼は、地下道の口に、磁石のやうに吸ひ寄せられた
その刹那！　砲丸のやうに躍り出でた小男！
孫！　孫！　地下道を走り出て、丘上に燃えるマラソン炬火を仰いだ
小さい彼の身体から、流れた全場を圧する大きな影！
拍手、拍手、歓声、怒涛のやうな歓声！
あゝ、誰れか、今日のこの勝利を期待しただろう
踊れ！　起て！　歌へ！　日本人！
日本は見せた

けふ明瞭《ハッキ》りみせた
この小男孫のなかに
世界を指導する、躍進日本の勇ましい現在の姿を

この詩は、当時オリンピック特派員として現場にいた詩人の西條八十が書いた詩「我等の英雄！弾丸の如く躍り出た小男」の一部である。

孫と握手して「マラソン優勝、おめでとう」と祝福したヒトラーをはじめとするドイツ人も、世界の人々も、孫を日本国民として認識し応援していた。日本帝国の一部になっていた朝鮮半島は、多民族国家であったのだ。

現在の韓国人たちは、当時の朝鮮人の心境を「イヤな思いをした」とか「強く抑圧された」というように考えているが、日本国民として従順に適応した当の朝鮮人たちは、そうは思っていなかった。なぜなら、朝鮮民族と日本国民は対立などしておらず、苦しむ必要はどこにもなかったからだ。

ソフトバンクの孫正義氏が、民族的出自は朝鮮半島であっても、日本人として悩む必要がないように、当時日本国民であった孫基禎も悩む必要はなかったはずだ。

もちろん、孫基禎も朝鮮民族としての自覚や自負はもっていたが、かと言ってわざわざ日本を

敵視することなどなかった。その必然性が、どこにもなかったのだ。

第7章で紹介したように、オリンピック表彰台での孫の写真をめぐる「日章旗抹消事件」は、極少数の朝鮮民族の愚挙にすぎなかった。当時の朝鮮人もこの事件に対して、たとえば大東民友会という団体は声明を発表して厳しく批判している。

「孫君は日本選手の資格を以てオリンピック大会に出場したと云うことは今さらくり返すまでもなく（中略）故意に日章旗の胸章を抹消する暴挙を敢えてしたその動機たるや殆ど児戯に等しきものありとするも、その結果は実に由々しきものがある」（「大東民友会の結成ならびにその活動概況」『思想彙報』第13号）

ちなみに現在もオリンピックの公式記録では、孫基禎の国籍は日本になっている。またベルリンオリンピックの競技場の記念碑も孫の国籍はやはり「ＪＡＰＡＮ」と記されているのだ。

世界記録と五輪金メダルという朝鮮陸上界の快挙

孫基禎は、日韓併合の2年後の１９１２年10月9日、現在の北朝鮮新義州の南敏浦洞で、雑貨商を営む孫仁錫の4人兄弟の末っ子として生まれた。学校には8歳から通ったが、金持ちの子どもが自転車で通学するのに対し、彼は2キロの道のりを毎日走って通ったという。

孫の俊足ぶりを早く発見したのは担任教師の李一成だ。李は孫に陸上選手になるよう勧め、これに従い孫は陸上ランナーとなったのである。故郷の新義州で開かれた陸上大会で孫は5000メートルに出場し、2位に入賞した。

その後、李一成先生の斡旋で1928年に日本へと渡る。長野県諏訪市で呉服店や食堂で働いたが、厳しい肉体労働のため陸上のトレーニングができなかった。そこで6カ月後に帰国し、就職してからトレーニングに励むようになったのである。

1930、31年、孫は出場したいくつかの陸上競技大会で優秀な成績をおさめた。その結果、1932年、当時朝鮮の名門校であった養正高等普通学校にスカウトされ、陸上競技部に入ったのである。

養正陸上部は日本人教師の峰岸昌太郎がつくり、彼の指導で朝鮮陸上競技界の雄となった。ところが孫が陸上部に入部したとき、残念ながら峰岸は前年に辞職したためいなかった。しかし、峰岸の教育を受けた先輩たちがいたため、彼らから峰岸イズムが孫基禎にも伝えられたようである。

養正高への入学は、孫晋泰にとって人生の一大転機であった。本格的トレーニング環境に恵まれ、孫の脚力は急速に成長したのである。

1935年4月、ソウルで開かれた全国マラソン大会で、未公認コースながら2時間25分14秒と世界記録を更新。さらに翌5月、またもや未公認のコースであったものの2時間24分2秒と、さらに世界記録を塗り替えたのだ。そして11月3日、東京の第8回明治神宮体育大会のマラソン部門に出場した孫基禎は、2時間26分14秒という当時の公認世界記録を大幅に上回る驚異的な記録で優勝したのである。

翌1936年5月21日に開かれたベルリンオリンピック日本代表最終選考で、同じ新義州出身の南昇龍《ナムスンニョン》が優勝、孫基禎は2位に入る。そして本番で孫は優勝。南も3位の銅メダルに輝いたのである。

ベルリンオリンピックでマラソン界の英雄となった孫基禎は、1936年12月、日本留学を希望して東京高等師範学校（現在の筑波大学）のテストを受けたが不合格となってしまう。そこで、第8章で紹介した金性洙の支援を受け、普成専門学校（現・高麗大学）に入学し、翌1937年、明治大学法科へ留学したのである。期間中、日本や満州の大会にも出場し、1940年の東京オリンピックにも出場するつもりであった。しかし、東京オリンピックは戦火のなか、中止になってしまう。

孫は1940年、明治大学を卒業。4月にソウルに戻ると朝鮮貯蓄銀行に就職し、結婚した。孫基禎はすでに朝鮮の名士として社会で得ていた高い知名度を生かし、朝鮮体育界のリーダーともなっていた。当時、孫基禎は日本に比べて朝鮮では体育教育、体育政策が整備されていないと見て、朝鮮体育大学を設立するよう提言するとともに、これを通じて朝鮮の体育指導者育成の必要性を指摘した。

親友同士であった孫基禎（右写真、左）と南昇龍（同、右）。お互い日本の明治大学で学び、入学年次で言うと南（左写真）のほうが１年先輩にあたる。

一方、日中戦争下において朝鮮でも徴兵制が導入されており、そのため朝鮮の有名人たちによる学徒兵勧誘が盛んに行われていた。孫基禎は1943年、スポーツ界の名士として学徒兵勧誘に関し、次のように述べていた。

われら若き半島青年がいまこそ立ち上がり、大東亜戦争にその身をもって戦わなければ、いつまたこんな絶好の機会があるでしょうか。大いに血を流し、血をもって戦う若き熱意を願わねばなりません。いま、半島を挙げて学徒出陣を励行しています。まったく当然のことです。いまだかつて、こんなに二千五百万が総決起して、その熱と誠をひとつの点に集中させたことがあったでしょうか、私はこのような気持ちを、学徒やその家族を訪れて伝え、志願を乞うとともに、微力ながら大いに激励するつもりです。（1943年11月14日付『京城日報』）

これは、孫基禎だけではない。同時代の李光洙、崔南善、崔麟など多くの朝鮮人名士、リーダーはほとんどが戦争動員に積極的であった。日本国民として、日本の勝利を祈願し、日本を応援するのは当たり前のことで、また義務でもあった。

現在、韓国で使われる「対日協力」という表現は、そもそも言葉自体に語弊がある。「対日」ではなく、すでに朝鮮人は日本の内に含まれた国民であったからだ。「対日」は意味をなさず、「協力」も誤用。そうではなく、国民としての「義務」であったのだ。

戦後韓国スポーツ界に残した民族愛の精神

１９４５年８月15日、「光復」を迎えた朝鮮で開かれた「自由解放慶祝総合競技大会」で、孫基禎は旗手を務めた。そして１９４６年、南昇龍らとともに「マラソン普及会」を結成。後継の養成に精力を注ぎ込んだのである。

そして早速成果を出した。教え子の徐潤福《ソユンボク》が、１９４７年４月19日のボストンマラソンで、２時間25分39秒の世界記録で優勝したのである。さらに１９５０年のボストンマラソンで咸基鎔《ハムキヨン》が優勝、宋吉允《ソンギルユン》が２位、崔崙七《チェユンチル》が３位と、金銀銅メダルを総ナメにする快挙を成し遂げたのだ。

当時の李承晩大統領は歓迎会で、孫の手を握り感謝の意を表した。１９４８年、大韓体育会副会長に就任した孫は、同年のロンドンオリンピックから１９６４年の東京オリンピックまで、韓国のマラソンチーム監督となり、とりわけ、初めて「ＫＯＲＥＡ」、つまり韓国とした参加したロンドン大会では、選手団の旗手も務めた。

１９７１年、韓国オリンピック委員会（ＫＯＣ）委員、１９８１年から１９８８年まではソウルオリンピック組織委員となって活躍した。

２００２年11月15日持病のためソウルで他界。享年90歳であった。『東亜日報』は２００２年11月６日付社説で「マラソンの英雄、民族のプライド」と題して、「限界に挑戦する不屈の闘志と独立自強、民族愛の精神を残した」と孫基禎を称えたのである。

長男の孫正寅は1972年、父も通った明治大学を卒業。以来、在日本大韓民国民団（民団）の横浜支部事務部長を務めた。

現在、孫基禎は国家の英雄たちの墓石が並ぶ国立大田顕忠院に眠っている。そして母校の養正普高の跡地は孫基禎記念公園に整備され、さらに同所には孫基禎記念財団もある。

つまり、英雄は韓国でいまも生き続けているのである。

全身が震えるほど衝撃を受けた石井漠の近代舞踏

続いて、崔承喜を見てみよう。そもそも彼女の世界的名声と成功の要因は、どこにあるのか。その答えは当然、日本との接点にあると断言できる。日本の思想や文化に触れ、日本から近代を移植した朝鮮半島で、自己の肉体で芸術を表現する近代的な技法を作り出したからである。

崔承喜を近代舞踊のスターとして育てたのは、日本の舞踊家の石井漠（1886〜1962年）である。石井は「日本の近代舞踊の父」といわれる人物で、人間の思想と感情を肉体で表現する創作舞踊（モダンダン）の先駆者として当時、国際的に知られていた。石井は自らのダンスを「舞踊詩」と名づけた。石井はそれを次のように説明する。

「我々の舞踊芸術は、肉体の運動による詩でなければならぬ」

さて崔承喜は1911年、崔濬鉉の三男一女の末っ子としてソウルで生まれた。幼いころから聡明で、成績はいつもトップクラスであった。そして飛び級を重ねながら、名門の淑明《スンミョン》高等女学校を卒業する。

当時すでに、抜群の歌唱力を兼ね備えた崔承喜は、東京の音楽専門学校への留学を夢見たが、年齢が若すぎるため入学できなかった。

その後1926年、兄の崔承一《チェスンイル》から「舞踊家になるのもいいじゃないか」と言われた。兄は当時、日本留学中で一時帰省していた。そこで兄に連れられて、当時ソウルで開かれていた石井漠の公演を見に行ったのである。

そこで石井の踊りに衝撃を受けた崔承喜は、舞踊家になることを決意した。当時15歳の多感な少女は、石井漠の近代舞踊に全身が震えるほど感動したと、のちの1936年に出版された『私の自叙伝』（日本書荘）で明かしている。

その数日後、崔承喜は石井とその舞踊団とともに日本へ渡った。東京の武蔵野にあった石井舞踊研究所で、崔承喜は石井から近代舞踊を学び、毎日レッスンに励んでいた。

そして、崔はわずか1年で見る見るうちに成長。1927年10月、崔承喜はさっそく凱旋を果たし、ソウルの京城公会堂で郷土訪問公演舞踊会を開くこととなった。

当時、新聞社のインタビューに応じた恩師の石井漠はこう語った。

「承喜の才能には実に驚きました。朝鮮の皆さまが承喜の舞踊に深酔したときに私の義務は完了したと思いますし、朝鮮にも舞踊の知己ができたと信じます」

こうして崔は、石井の指導を受けながら、石井舞踊団のメンバーとして日本や朝鮮公演を通して、舞踊家として名声を高めていったのである。

「半島の舞姫」から世界的なスターへ

1929年、ついに崔承喜は舞踊家として独り立ちする。崔は恩師の元を離れソウルに戻ってきた。そして、市内で「崔承喜舞踊研究所」を設立したのである。

1931年、崔は早稲田大学文学部出身で共産主義を信奉する文学青年の安漠《アンマク》と結婚。崔にとって夫の安漠は、人生の伴侶であっただけでなく、自身の芸術活動を支援し理解してくれたマネージャーでもあった。当時の朝鮮は近代芸術、舞踊の不毛の地と言っても過言ではなかった。経済的に余裕がないというのもあったが、何より彼女の芸術に対する理解者が少なかったのだ。

1933年、崔は再び渡日。石井舞踊研究所に戻ると、1934年初の舞踊発表会を皮切りに、注目の新鋭舞踊家として知られるようになった。

以後、発表会が2回、3回と続くにつれ、各界人士の絶賛を博しながら、舞踊界のみならず芸能界の一大スターになっていたのである。映画や広告のモデルとしても活動し、彼女の自伝的映画『半島の舞姫』も大ヒットしたのだ。

こうして崔承喜は、朝鮮出身の女性として、舞踊のみではなく日本の大衆文化の真ん中で一番輝くビッグスターとなった。1935年に結成した崔承喜ファンクラブ（後援会）の名簿には日本と半島の有名人がずらりと並んでいた。

日本人は川端康成、近衛秀麿、菊池寛、山本実彦、山田耕筰、永田龍雄、村山和義。一方、朝鮮人は呂運亨、児童文学作家の馬海松、言論人として鳴らした金東進、独立運動家の宋鎮禹など、いずれも劣らぬそうそうたるメンバーである。

１９３４～１９３７年のわずか３年間で、崔は日本の各都市でのべ６００回以上の公演を行い、観客動員数は数百万に上ったという。さらに、崔は海外へと進出。１９３７年から３年のあいだに満州、アメリカ、ヨーロッパ、南米を周った。海外公演は１６０回に上るとされる。「半島の舞姫」から「世界の舞姫」へと飛翔を遂げたのだ。実際、世界の至るところで彼女への絶賛は止まなかった。アメリカの批評家Ｅ・デンビーはこう書いていた。

「彼女は充分に訓練された身体と広い範囲に及ぶ動きをし、劇場における楽しいひとときを提供する。（中略）彼女は完全無欠のテクニックと優美な身振り、そして子どものような無邪気なユーモアを発揮し、多くの熱狂的ファンの喝采を呼んだ」

崔承喜は、１９１０年の日韓併合以来、近代日本が朝鮮社会に与えた巨大な影響のシンボル的な人物であった。そして、彼女の成功の秘密は舞踊にあった。美しい肉体、躍動感が一種の近代的なアイコンとなったのだ。

崔承喜は、東洋人女性としては異例ともいえる１７２センチほどの長身を誇っていた。これは当時の東洋の男性の平均身長をも大きく上回っていた。実際、彼女の人気の源は、何と言っても

世界的ダンサーとして活躍した崔承喜。

その八頭身の肉体美とルックスであった。日本の名士たちも崔の公演を見て、こぞって絶賛した。翻訳家、絵本研究家で舞踊評論家でもあった光吉夏弥は「練り上げられた肉体支配と揺るぎない自信の集積が踊る気持ちと踊る肉体のあいだに羨しい均衡を生んでいる」と評価していた。

川端康成の言葉も紹介しておこう。

「女流新進舞踊家中の日本一は誰かと聞かれ、洋舞踊では崔承喜であろうと、私は答えておいた……第一に立派な体軀である。彼女の踊りの大きさである。力である。（中略）また彼女一人にいちじるしい民族の匂いである……肉体の生活力を彼女ほど舞台に生かす舞踊家は二人と見られない」（「朝鮮の舞姫崔承喜」）

崔承喜の肉体美、舞踊の律動美は、西洋的近代の特徴のひとつである肉体美を求めた東洋人にとって、精神的な喜びを与えたのだ。

崔は朝鮮の土着的な古典舞踊を近代的要素に接ぎ木して、まったく新しい民族舞踊、そしてその美的世界観を確立した。崔承喜は、洋の東西を問わず絶賛された「肉体美」をもつ「女神」であった。こうして、日本で誕生した崔承喜の近代的肉体美、舞踊スタイルは、独立した女性としてのアジア的モデルともなったのだ。

「朝鮮の花」北で散る

1937〜1945年の日中戦争から大東亜戦争の敗北へと至るあいだ、朝鮮の知識人、名士たちが戦争へ協力したのは、孫基禎の項でも見たとおりだ。無論、抜群の人気を誇った舞踊スター、崔承喜もその例外ではなかった。

1937年4月26日、陸軍大臣官房の要請により、崔承喜は靖国神社で舞踊を献納。7月7日に日中戦争が勃発すると、国防献金として200円を寄付した。

金賛汀の『炎は闇の彼方に―伝説の舞姫・崔承喜』（日本放送出版協会、2002年）によれば、戦火の広がるなか、1941年から1945年の4年間で、崔承喜は数百回に及ぶ前線慰問公演を行ったとされる。

朝鮮半島、満州、北京、上海……。崔は現地では〝実り〟多き日々を送った。ここでの実りとは、現地の芸術家と交流したことにより、自分の舞踊に中国芸術の要素を取り入れられたことであった。1943年9月、中華連合電影会社の川喜多長政副社長の招きで崔承喜は上海公演を行った。汪兆銘政府の要人と日本軍将官などが訪れたが、もっとうれしかったのは中国当代随一の京劇俳優、梅蘭芳《ナイランファン》と親交をもったことであった。梅蘭芳は崔の公演に何度も足を運び、舞踊や芸術について意見を交わしたのである。前出の鄭昞浩著『踊る崔承喜』によると、梅は当時、崔の舞踊芸術を高く評価していたという。

１９４４年１月27日から２月15日、崔承喜は日本で最後の公演を行い、それ以後は、中国、北朝鮮に行き、日本に戻ることは二度となかった。

崔承喜は日本の敗戦を上海で迎えた。そしてソウルに戻ると、彼女は同胞から「親日派」と糾弾された。崔は、自分は「民族舞踊、つまり民族の魂を守り抜いた愛国者だ」と主張した。そのとき、北朝鮮にいた夫の安漠がソウルに向かい、崔に北に一緒に行くよう提案した。北のような田舎で芸術はできないと思った崔はそれを拒否。すると夫は「対日協力者として、君はおそらく刑務所に収監される」と脅したのだ。

結局、崔は夫とともに北朝鮮へ行った。１９４６年７月のことである。そして北朝鮮で崔は、国のトップである金日成と会う。金日成は聞いた。

「この地に見物に来たのか。それとも舞踊をしに来たのか」

「この地で舞踊をやっていきたいです」

さすがに金日成のバックアップがあったので、崔は非常に恵まれた環境で舞踊に集中することができた。「崔承喜舞踊研究所」が開設され、日本ほどの自由はないが、ここで多くの弟子を育てるとともに、大衆の支持のもと、北朝鮮最高の芸術家に変貌を遂げたのだ。

北朝鮮はもちろん、中国、ソ連などで公演を行い、さらに北朝鮮の女性代表として国際会議に

右は東京九段に自身の名を冠した舞踊研究所を開いた際の名刺。左は北朝鮮で指導に当たる崔承喜の様子をとらえた貴重な１枚。

も参加。朝鮮舞踊家連盟の委員長にも選出された。

崔は朝鮮舞踊の後継者教育にも力を入れ、1958年に『朝鮮民族舞踊基本』を、1964年には『朝鮮児童舞踊基本』を出版した。この本は、現在の南北の民族舞踊の土台だと高く評価されている。ひとり娘の安聖姫も母の後継者として舞踊家となった。

ところが崔は1967年7月、平壌の自宅から連行され以降、夫、娘とともに消息を断つ。当時、権力闘争が激しさを増し、それに巻き込まれて、粛清されたという。

こうして世界的な「朝鮮の花」は、北で突如、散ってしまったのである。

その後2003年2月9日、北朝鮮政府は、崔が1969年8月8日に亡くなったこと、遺体が愛国烈士陵に葬られたことを発表。崔承喜の名誉を回復したが、粛清の理由や死因についてはまったく触れられることはなかった。

よみがえる崔承喜

現在も、崔承喜の死亡日や具体的な状況については一切わかっていない。1967年、政治犯として収容され、刑務所で処刑された説、山間部の田舎への流刑に処され、逃亡しようとして銃撃された説、病死説……。さまざまな死亡説が出回っているが、残念ながら真相はいまだに定かではない。

しかし、ひとつだけはっきり言えること、それは、崔承喜は共産主義のイデオロギーのいけにえにされたということだ。しかも、祖国で同胞の手によってである。

ひとつ興味深いエピソードがある。安漠の兄である安輔承（帝国音楽学校卒業の声楽家）は、当時、安漠が崔承喜に北への逃避を提案した際、反対したという。「君はひとりで北へ行ってもいいが、義妹はソウルで暮らしたほうがいい」と弟をいさめたようだ。北の体制を知っていたからだろう。

そして、崔を惜しんで「崔承喜という名前」と題した詩を書いた。

五大陸を泳ぎ回り
帰国した義理の妹
北には行かないと
占い師もたずねた
ああ！　越北して
もはや半世紀
無知の暴力で
散ってしまったか！

1990年代以後、南北ともに崔承喜を再評価し、名誉回復する動きが出てきている。

日本の近代で生まれ、朝鮮の前近代的独裁によって散った美しい花。その花の美しさと歴史的意義に人々は再び気づき始めている。

第12章

「日本愛」で祖国を変えた不世出の政治リーダー

朴正熙《パクチョンヒ》（ぼくせいき）

1917年11月14日～1979年10月26日
軍人、政治家、大統領。戦前、戦中は日本軍、戦後は韓国軍に所属。1961年の軍事クーデターで国家権力を掌握。1963年から1979年まで大統領を務めた。朴政権以降、約30年にわたる高度経済成長は「漢江の奇跡」と呼ばれ、韓国は世界最貧国から脱した。1979年、暗殺。

日本との関係

1940年、満州国陸軍軍官学校に入り、卒業後、日本の陸軍士官学校に留学。創氏改名で高木正雄を名乗る。戦後、大統領として日韓国交正常化に尽力。

韓国史上最高の政治指導者

朴正煕は、韓国史上最高の国家指導者、最もすぐれた大統領と評されるカリスマ政治家であった。韓国近代化の代名詞であり、「近代最大の革命家」「独裁者」「民族主義者」あるいは「韓国の田中角栄」といったように評価が分かれると同時に、やはり「親日派」として糾弾された経験をもつ。

朴正煕は、韓国人にも日本人にも特別な意味を持っている。

著名な社会学者で詩人の李殷相《イウンサン》は、「朴正煕は朝鮮王朝最高の名君とされる世宗《セジョン》大王と、秀吉の朝鮮出兵を打ち破った李舜臣《イスンシン》をミックスした偉大な民族英雄だ」と断言。反独裁主義の闘士として知られる詩人の金芝河《キムジハ》は、若い韓国青年たちに向かって「朴正煕大統領は世宗大王よりも尊敬すべき指導者である。政治屋ではない真の指導者だ」と激賞していた。

死後40年以上がたったいまでも、朴正煕に対する毀誉褒貶が後を絶たない反面、歴代大統領の評価では常にトップである。その人気ぶりが物語るように、彼の韓国近代化への貢献度は誰よりも大きい。

世界銀行が発表したレポート『東アジアの奇跡』(1993年)によると、朴正煕時代の韓国は、世界で最も高い経済成長を成し遂げたという。1965〜1989年、年間平均9%を超える高い経済成長率はもとより、巧みな所得分配も高く評価された。

いわゆる「漢江《ハンガン》の奇跡」である。

冒頭で、朴正煕が日本にも特別な意味をもったとしたのは、彼の近代化政策が実は多くの分野で植民時代の日本の方策、方法の焼き直しであったからだ。

朴は前任者の李承晩に代わって日韓国交正常化を実現し、戦後初めて日本と韓国のあいだにそびえ立つ壁を打ち破った。その意味でも彼の功績は、計り知れないほどだといえる。

国是としては「反日」を唱えたが、経済的支援を日本から勝ち取っている。表の顔では「反日」であったが、実は日本の近代化政策を受け入れ、模倣し、それを国民改造や近代化建設に大いに活用したのだ。

韓国の多くの左派たちは、朴正煕の過去や日本を学んだことを「親日」として非難する。だが、まぎれもなく朴の「親日」こそが、韓国の奇跡の経済成長を巻き起こした、根本にして唯一の要因だったのである。

日本近代の洗礼を受けた「高木正雄」

朴正煕は1917年11月14日、慶尚北道亀尾市上毛洞の貧しい農家の5男2女の末っ子として生まれた。

朴正煕の生涯を概観すると、教師、軍人、革命家、国家経営者という4つの顔を持っている。彼が生まれた1917年は、ロシアでレーニンによる10月革命、つまりロシア革命が爆発する激動の年であった。

朴正煕に対して韓国人は、日本時代、ことに満州国における軍勤務歴を引き合いに出し、それを直線的に「親日行為」と見なし、「恥」として考えがちだ。韓国の学者ですら、朴と日本との因縁、日本近代の洗礼を受けたというきわめて重要な歴史的事実について、意図的に触れない人も多い。

だが、朴正煕の朝鮮における日本統治時代、そして満州での青年時代は、彼自身の人間形成に間違いなく大きな影響を与えた。忠実な日本国民であった青年朴正煕は、大邱師範学校を卒業し、教師生活を経て、1940年満州の新京陸軍軍官学校に入学する。ところが、その時点で軍官学校の入試年齢制限を超えていた。そこで朴は「尽忠報国滅私奉公」の血書と願書を提出し、入学を認められたのである。

こうして朴は1940年、第2期生として入学。翌年、創氏改名によって日本名、高木正雄を名乗った。そして1942年、450名の卒業生中、首席で卒業し、日本の陸軍士官学校に進学。1944年、またもや優秀な成績で卒業し、満州国軍少尉に任官したのである。

満州国は日本が設立した近代国家であり、西洋に対抗する自立的経済ブロックのひとつとして、その経営に力を入れた。と同時にここは、朝鮮人にとってチャンスの地でもあった。

韓国東亜大学の前総長、韓錫政《ハンソクジュン》教授の『満州モダン―60年代韓国開発体制の起源』によれば、日本人、高木正雄となった朴正熙が満州で体験したのは、関東軍が展開した重工業、都市開発、鉄道建設、衛生改善など経済発展に対する強迫的なまでの信念だった。それを手本に、朴正熙は韓国のリーダーとして、自国の近代化を成功に導いたのだ。

かつて日本の支配下にあった韓国、台湾、北朝鮮、そして満州の戦後の様相を比較してみると一目瞭然、韓国と台湾は日本の植民地支配の遺産をうまく利用した。しかし北朝鮮と満州は、日本の遺産を大部分破壊した。その結果、韓国と台湾は戦後高度成長を遂げ民主国家へと変容していったが、北朝鮮と満州を含んだ中国は社会主義国家として、自由に背を向けた国家となってしまった。

朴正熙の発展戦略は、朝鮮総督府や満州国の発展戦略とはほぼ一致している。帝国のアイデアや制度の拡散は、必ず周辺国家や被支配地域に決定的影響を与えるということは、近現代史が見事に立証していることだ。ことに韓国における朴正熙の日本近代化のコピーは、その好例であることは多言を要さないだろう。前述した韓錫政教授は、満州国の近代的要素を模倣したことは、反民族的な行為ではないと断言。むしろ、模倣や土着化の成功は、一種の才能の成果だとしている。

近代システムは国と国、あるいは民族と民族との相互影響、交流の産物であり、自由なやり方であれ、国家主導型であれ、経済発展の方法に定番の公式など存在しない。中国の指導者であった鄧小平が1978年に述べた有名な「黒猫であれ白猫であれネズミさえ取れれば良い猫だ」という改革開放政策もまた、成功方式のひとつなのである。

なぜ近代的「国民改造」を推進したのか?

朴正熙は、1961年に韓国の実質的な指導者となってから、国民改造に精力を注いだ。朴正熙は、日本が近代化に続いて民主化を達成した理由を挙げながら、民主化の前に近代化を実現すべきと主張した。さらにそのためには、まず国民の「人間改造」が優先すべきだと強調し、これに真剣に取り組んだのである。

ある意味で、朴正熙は思想啓蒙家としても、他の韓国人エリートよりも劣らないと考える。朴は『指導者の道』『国家と革命と私』『わが民族の進むべき道』『民族中興の道』『民族の底力』など多くの著作を近代化プロセスの指導思想の一環として発表した。

なかでも、1962年に出版した『わが民族の進むべき道』は代表作のひとつである。朴は同書の「はしがき」でこう述べる。「今日、危機に直面した」「わが民族の更生」のために、「ひねくれた民族性」から脱皮して「人間革命」を行なわなければならない、と。

彼の主張する「人間革命」の具体案は次の3つだ。

1. 民族史上のマイナスの遺産を反省と健全な国民道徳の確立
2. 貧困からの解放
3. 健全な民主主義の建設

人間革命、改造のためには、民族全体で大反省しなければならないとする。それは、まず李朝時代から由来する朝鮮民族の欠陥を認識し、是正することから始まる。とりわけ、朱子学と中国歴代王朝に無批判に従うという「事大主義」を、朴正煕は猛烈に批判した。そのうえで、儒教的教育、ピラミッド型の身分制度、階級差別観、反民族的闘争を李朝以来の伝統的な民族の悪徳として指摘したのである。

朴が批判し、改造すべき韓国人の欠陥は次のようにまとめられる。

1. 事大主義―自主精神の欠落
2. 怠け者根性
3. 開拓精神の欠如
4. 企業心の不足
5. 悪性的利己主義
6. 名誉観念の欠如
7. 健全な批判精神の欠如

朴正熙と李光洙に通底する民族への想い

少年時代、朴正熙は兵隊ごっこが好きであった。彼が軍人に愛着をもつようになった契機は、日本刀時代に目の当たりにした日本の軍事文化であったようだ。

さらに小学校5年のころ、朴は李光洙の小説に出会う。それは李光洙が『東亜日報』に連載した長篇小説『李舜臣』であった。当時兄の尚熙が村で『朝鮮日報』地方支局を運営しながら『東亜日報』も販売したため、朴正熙は兄から新聞をもらい李光洙の小説を読んだのである。

これが少年朴正熙と文豪李光洙の接点だった。

朴正熙の一連の主張は、実は李光洙の指摘と一致するものが多い。李光洙から多くの近代思想、民族への批判精神を学び取ったのではなかろうか。

朴正煕は、韓国民が「継承すべき遺産」として、ハングルや相互扶助の精神、愛国的伝統、抵抗運動などが民族の美徳だと指摘した。

その後も朴は、多くの著作を通じて韓民族の欠点と改造プランを示し続けた。たとえば『国家と革命と私』で、朴は「５０００年の歴史を改新すべきだ」と唱え、次のようにこれまでの朝鮮史を批判した。


このような悪の倉庫のようなわれらの歴史はすべて燃やしてしまうのが良いであろう。われわれは、未練と虚偽に満ちた歴史の年輪だけを漠然と自慢するわけにはいかない。大胆な新しい出発がなければ、われわれの出発は、永遠に阻害されるだろう。


ここまで見てくると、朴正煕の主張は、第8章で紹介した李光洙の「民族改造論」と、非常に似通った部分があることがわかるだろう。これは単なる偶然ではない。民族性の批判、あるいは改造の必要性について、現代の大統領と１９２０年代の文豪が同一見解をもっているということは、韓民族の根本的な問題は時代を超えても変わらず、しかもそれを改造するという切迫した現実が常にあることを物語っているのだ。

朴正煕は、さらに『民族の底力』（１９７１年）と『民族中興の道』（１９７８年）を発表。本来備えている民族の底力、美徳を復活させ、「民族中興の道」を歩むべきだと力説した。朴正煕が提唱した、「勤勉」「自助」「協同」を基本精神とした農村開発運動である有名な「セマウル（新農村）運動」は、人間革命、民族改造の運動でもあったのだ。

朴正煕は、民族改造論や人間革命などの啓蒙思想ひとつをとってみても、金泳三や金大中、あるいは盧武鉉や現在の文在寅大統領よりも卓越した「富国富民」思想をもっていた指導者であったのは間違いない。

韓国の政治地図を変えた革命家

朴正煕の側近で国務総理を務めた金鍾泌《キムジョンピル》は、「朴正煕大統領を政治人として見てはいけない。彼はあくまでも革命家である」とよく言った。李栄薫《イヨンフン》元ソウル大学教授は、『大韓民国の物語』（文藝春秋、２００９年）で、朴のことを常識を超えた支配スタイルを実行した、普通の政治家にはない強烈な精神的信念をもつ革命家だとしている。

朴正煕の精神世界は歴史と現実に対して根本的不満に起因する緊張で充満していた。彼は植民地と転落した韓国民族の事大主義の病弊、自由精神の不足、怠けと名誉心の欠如を憎悪した。その結果によって生まれた民衆の貧困と苦難に憤怒した。歴史と現実に対した彼の強烈な批判意識と使命感は、彼のすべての政治的選択において一貫した土台を形成した。

現実への強烈な批判意識と使命感は、彼をして韓国史の常識を越えた政治手法、つまりクーデターを駆使させたのだ。韓国のアンチ朴正熙派は、彼のクーデターを独裁だと一蹴するが、クーデターこそ朴正熙式革命の本質だったのである。朴の革命の目標は、自立経済と国防を通じた自由民主主義の達成であった。

１９５０年代以来世界中で４００回以上のクーデターが起こったが、１９６1年に朴正熙が行った「５・16クーデター」は、繁栄と奇跡をもたらした稀に見る成功した革命であった。朴正熙は「５・16クーデター」、国民が反対する日韓国交正常化を成功に導くための１９６４年の「６・３クーデター」、そして１９７２年、重化学工業と国防産業を成長させるための「10・17維新クーデター」と、３回にわたりクーデター革命を敢行したのである。

こうした朴正熙のクーデターを主導したのは、満州人脈、つまり朴の満州軍官学校の同期である2期生や1年先輩である1期生であった李周一《イチュイル》、金東河《キムドンハ》、尹泰日《ユンテイル》、丁一権《チョンイルグォン》、崔圭夏《チェギュハ》などである。そうしたクーデターは、朴が満州の日本軍や日本の戦前の「２２６事件」で学んだものだと指摘する学者もいる。

いずれにせよ、朴による三度のクーデターがなかったら、今日の韓国の経済繁栄や民主主義はなかったであろう。

韓国人ジャーナリストの趙甲済《チョガプチェ》によれば、クーデターを敢行した朴正熙は、当時彼の政治方式に反対する全国民に「それほど悔しければ、私が死んだ後、私の墓にツバを吐け」と言ったという。一体どれほどまでの凄絶した使命感でクーデターに臨んだのだろうか。

アメリカの歴史学者ブルース・カミングスも、朴正熙による「韓国経済の発展は偉大な成功であり、韓国の独立宣言であった」とし、これはのちに中国の経済発展のモデルにもなったと指摘していた。

「両班の国」から「テクノクラート国」へ

拓殖大学海外事情研究所教授などを歴任した韓国文化研究家の田中明は、その著書『韓国政治を透視する』（亜紀書房、1992年）で、朴正熙政権時代は韓国史で類を見ない「例外的時代」だったと指摘している。

つまり、歴史的に武人政権に慣れていた日本人とは違い、韓国はずっと文人政権であったため、朴正熙の軍事革命集団による権力奪取は初めての経験であったので、ゆえに「例外的時代」だったということである。換言すれば、筆をもった文人統治から、銃をもった武人統治に変えたのが朴正熙の軍人集団であり、これは韓国史では画期的な革命であったということだ。

朴正熙は、こうして例外的統治を18年も続けたわけだが、この軍人政治は韓国に想像を絶する大変革を実現した。『反日種族主義』の執筆者のひとりである金容三《キムヨンサム》氏は、著作『朴正熙の革命』（1・2）と最近のユーチューブ講義などで、「朝鮮半島史上、初めて富国強兵を達成した英雄で、近代化の旗手」と朴正熙を評価しながら、朴正熙の18年間の功績を次のようにまとめている。

1. 韓国の「士農工商」の身分構造を「商工農士」に転換した社会構造の変革
2. 全国民の反対を乗り越え日本との国交を正常化
3. ベトナム派兵によるグローバル化の経験
4. 新農村運動を通じて史上最初のリーダーシップとフォロワーシップの調和を形成し、民主主義の学習を国民が体験
5. 軽工業から重化学工業への産業構造の転換

そして、朴正熙の成功要因のなかでも最も重要なのは、国家建設と運営の方法がきわめて合理的であったことだとする。朴正熙の技術官僚であった呉源哲《オウォンチョル》は、その著書『朴正熙はいかに経済強国を作ったのか』で、朴の経済運営の特徴をこう説明している。

1. 政府と企業の強い開発意欲
2. 特定的政策目標は戦略的に重要であるもの、また実現可能であること

3. 産業構造の長期的開発も工学的原理に規定され、低水準から高水準へと向上する段階性と科学性を体現したこと

4. 戦略的に建設する主要工場は、国際的競争力を持つほど十分に大きな規模であるべきであり、このため重要な投資、選択と決定は政府が主導すること

5. 政府、企業、社員、学界など主な経済的主体に相互に機敏な調整と協力体制が働いたこと

朴正熙による国家建設と運営により、韓国は「両班の国」から、実用性、合理性、科学性、技術性を重んじる技術プロによる「テクノクラート国」へ、あるいは、馬車とチゲ（背負子）が主流だった農業社会から、自動車と飛行機が主流をなす工業社会へと社会構造が変容したのである。

日韓国交正常化がもたらした「漢江の奇跡」

韓国近代史上、1965年に朴正熙が推進した日韓国交正常化は、きわめて重大な意義をもっている。日韓協議により日本から提供された8億ドルに上る資金がなければ、韓国の未曽有の経済成長はありえなかったはずだ。

1965年当時、韓国の経済状況は貧困きわまりなく、輸出総額は1億7000万ドル、一人あたり平均国民所得は、わずか105ドルであった。この当時の劣悪状況からも、8億ドルがい

かに巨額であったかがわかるであろう。

１９６５年6月22日、日韓基本条約の締結と同時に、「財産及び請求権に関する問題解決並びに経済協力に関する日本国と大韓民国との間の協定」を公式に調印した。朴正煕は、とにかく最貧国から脱して近代化を成功させるためには、どうしても日本の援助資金を優先的に考えざるをえなかった。１９６５年8月27日、朴はテレビを通じて次のような声明を発表した。

「日本が、いかに昨日の敵だとしても、われわれの今日と明日のための必要であれば、彼らと手を組むことが国利民福の増加を図る賢明な方法ではないだろうか。私を売国賊と非難する人もいる。私は聞きたい。彼らはなぜそれほど自信がなく、被害者意識とコンプレックスのかたまりになって、日本といえば無条件に恐れるのか。日韓国交正常化が、われわれにいい結果をもたらすか、不幸な結果をもたらすかというポイントは、わたしたちの主体意識がどれほどあるのかにかかっていると思う」

「売国奴」のレッテルを貼られながらも、朴正煕は日本と対等に交流し、日本の支援で国家経営を推進しようとした。その結果、朴正煕の近代化は大成功。１９６５年から朴正煕の死亡する１９７９年までの14年間で、韓国は奇跡的な発展を遂げたのだ。１９６５年のＧＤＰは30億ドルであったのが、１９７９年には６４０億ドルと20倍以上も伸びた。一人あたり平均国民所得も１９６５年の１０５ドルから、１９７９年には１６９３ドルへと飛躍したのである。

また、1962～1966年の第1次5カ年計画のあいだの年平均成長率は8・5％。1967～1971年の第2次5カ年計画のあいだに至っては、年平均成長率は10・7％に至り、年平均輸出の伸長率は33・7％に達したのである。

言うまでもなく世界を驚かせた「漢江の奇跡」は、日本の支援によって実現したのである。

朴正煕の言葉に「なせばなる。われわれもできる」というものがある。韓国では、この「なせばなる」は、韓国近代化の奇跡を実現した「朴正煕の精神」という位置づけになっている。

朴正煕研究家である左承煕嶺南大学教授によると、朴正煕の「なせばなる」精神は、徹底した朴の自助・自力意識から生まれたものだという。

朴は常に「天は自ら助かる者を助ける」という西洋の人生哲学と、「信賞必罰」という東洋の法家思想を信奉し、繰り返し国民に強調した。朴は政策的にもこの精神を盛り込み、努力する人には支援をする一方、努力せずに不平不満だけ吐く人は支援しなかった。左氏は、朴正煕のこれを「行動経済学のインセンティブ原理」として、韓国人が積極的に努力するよう誘引したと指摘している。

朴正煕の「なせばなる」精神とは、世間の反対にも決して屈せずに政策を遂行することであった。軍事クーデターも、国民改造の「新農村運動」も、日韓国交正常化も、経済構造の転換も、すべてこの「なせばなる」で取り組み、成功させたのだ。

朴正熙には「先経済発展、後自由民主」というプランがあった。『反日種族主義』の執筆陣のひとりである金容三氏によれば、朴正熙は経済発展こそが民主化の土台であったと考えていた。朴正熙は「飢えた民衆は投票より飯を必要とする」という現実から、まず経済の近代化を優先し、それをスムーズに実行するため、軍人強制動員にまで踏み込んだのだ。つまり「独裁者」というより「権威主義」的原理で、近代化を実行する方策をとったのが朴正熙であった。

朴正熙を否定する愚かな韓国人

身長162センチ、体重60キロという筋肉質のスマートな体軀。人間朴正熙は、妻の陸英修《ユクヨンス》の影響で仏教信徒であった。また詩と音楽にも造詣が深く、「新農村の歌」や「わが祖国」など作詩作曲を手掛けた歌もある。

写真を見る限り、朴正熙はあまり笑わない謹厳実直な人間という印象を受けるが、実は側近の証言では人情厚い人で、貧困にあえぐ国民の心情を思い、よく涙を流したという。

また、日本の近代化の洗礼を受けた軍人として、日本に深い愛着心をもった「親日家」「知日家」でもあった。朴は大統領の執務室で日本軍将校の軍服を着用する、一種の〝コスプレ〟を楽しんだり、大統領官邸の青瓦台で記者と酒を飲みながら、天皇の教育勅語を暗誦したりしたというエピソードも残されている。

実際、アジアでは日本好きの指導者は少なくなかった。蔣介石も日本的な質素な生活を好んでいた。

このように日本時代に生まれ、日本人として生きた朴正熙大統領の「日本愛」は決して〝罪〟に問うようなものではない。

現在、朴正熙を「民主化を弾圧した独裁者」として糾弾する左派の「アンチ朴」勢力は強大である。人間は神ではないため、偉業を達成する反面、試行錯誤や失敗も当然つきものであろう。私は30年間、東アジア各国の比較研究を行い、韓国人というのは日中韓のなかでもとりわけ異質の排他的性格をもつ民族であることが判明した。朴正熙に対する罵倒、歪曲、侮辱は韓国社会で蔓延している。「親日＝売国」「独裁者」という側面から朴正熙を否定する、「反日種族主義」的で、かつ「親北共産主義」的な韓国人の愚かさに、ある意味、脱帽せざるをえないのは私だけではないだろう。

朴正熙死後40余年間、アンチ朴派は朴正熙否定に必死であった。しかし現在の韓国は、いわゆる文民政権によって経済も、外交も、政治も破綻の窮地に追い詰められたのではなかろうか。

韓国には「いとこが土を買うと腹が痛い」という諺がある。これは「周りの人がうまくいっているのを妬む」という意味だ。このように韓民族は、自国の英雄、人物を認めようとはしない卑劣な狭量さを内にもつ。このような田舎根性を捨てない限り、韓国には未来がないかもしれないというのに……。

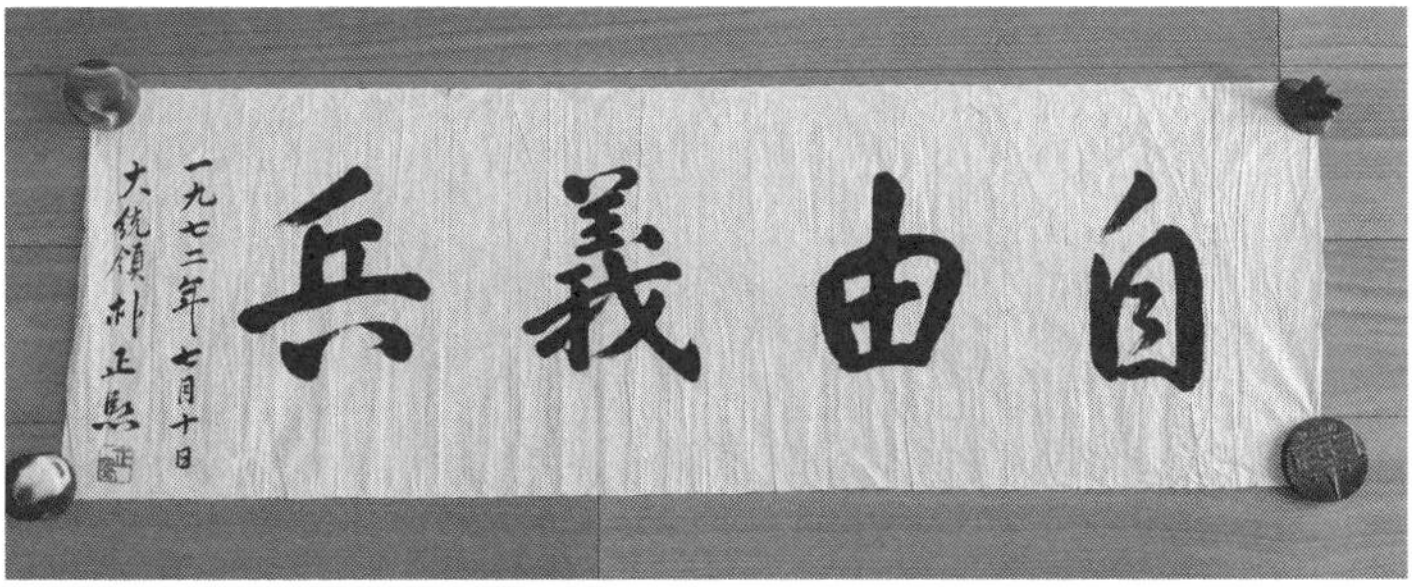

上は私のコレクションにある朴正煕の書。下は朴正煕一家。右が妻の陸英修で、中央の背の高い子がのちに大統領となる朴槿恵である。

1979年10月26日、朴正熙は同志である金載圭《キムジェギュ》韓国中央情報部（KCIA）部長、日本名・金本元一によって暗殺された。これはちょうど伊藤博文が1909年に安重根によって暗殺されたのと同じ日付である。偶然の一致としては、あまりにもできすぎた〝悲運〟であろう。

朴正熙は近代韓国の父として、誰も否定できない巨人である。世界的な経営学者のピーター・ドラッカーは、かつてこう語っていたという。

「第2次世界大戦後、人類の成し遂げた成果のなかで、もっとも驚異的な奇跡は朴正熙の偉大な指導力で経済発展をなしとげた大韓民国だ」

また未来学者のアルビン・トフラーは、次のように述べたとされる。

「民主化とは産業化の完成によって可能であるものだ。自由化はその国の水準に合わせて制限されるものである。よって朴正熙を独裁者と罵倒するのは言語道断である」

こうした評価が韓国人の腑に落ちるときが、果たして来るのだろうか。

終章

もし、日本の統治が続いていたら、朝鮮半島はどうなっていたのか？

なぜ、日本統治の終焉で朝鮮半島は数十年後退したのか

これまで見てきたように、自ら日本の近代化を学び、日本をなぞった朝鮮半島は実に幸せであった。

朝鮮の近代化の道を切り開くのに、日本の支配は画期的な貢献を果たしたのだ。現在の韓国の大多数の人々は、この事実を否定する。だが真実は、心理的に認めようが認めないかを問わず、いつも私たちの目の前にあるのである。

実際のところ、日本は朝鮮の植民支配であまり利益を得たことはなかった。一種の過剰投資で「赤字経営」であり、むしろ損失を招いた。それとは対照的に、朝鮮半島は計り知れないほど近代化の利益を得た。南部の資本主義商業、北部の工業化、教育の普及、近代知識の導入による人間の質的向上、文明開化の実現、そして鉄道、道路、港湾など近代交通の整備、通信網、発電所などのインフラ、大学の設置、学校教育の建設と拡大……。

朝鮮半島にとっては、まさに未曽有の「大祝福」そのものであった。

ところが、ひとつ興味深い問題がここに浮上する。それは、日本の支配の終焉によって、1945年9月から日本人の朝鮮撤退は、半島の近代化には多大な損失であったということだ。

それについて、金完燮氏は鋭い分析をしていた。彼はこう指摘する。

終戦当時、朝鮮には約六〇万の日本人が居住していた。かれらは戦後、戦勝国の決定によって朝鮮におけるあらゆる財産を没収されたまま日本に追放された。かれらは合併以来、日本から移住してきた公務員、教師、警察官、事業家、農民、労働者、技術者であり、その多くが優秀な人材だった。（中略）これ（引用者注：支配層の交替）によって、朝鮮社会は数十年、後退してしまったのである。（「傷だけが残った解放—日本の敗戦と韓国」、『草思』２００２年９月号）

金完燮氏や『反日種族主義』の李栄薫教授などの研究によれば、日本統治時代は１９１２年から経済が毎年３・６％以上成長した。終戦後、日本人は半島から日本へ戻り、残った財産は米軍政庁とソ連軍によって押収され、そしてまた、それぞれ韓国と北朝鮮政府に移譲された。

しかし、独立した半島の経済は後退してしまうのである。韓国経済が１９４０年代の日本時代のレベルに回復したのは、朴正熙政権による70年代から80年代初頭になるといわれる。

２００２年、当時の副総理であった陳稔《チンニョム》が韓国の教育について「韓国の教育制度は、いまだ日帝時代の水準に達していない」という旨の発言をしたことがある。当然社会的に大きな反発を呼んだ。戦後世代は陳氏の話の真意を理解できるはずがないからだ。

再建待ったなしの韓国政府は、当然のことながら日本が残した物理的な遺産、社会システムをそのまま継承した。この分野を緻密に研究、検証している松本厚治元埼玉大学大学院教授は、次のように指摘している。

そもそも行政府からして朝鮮総督府の直系である。終戦時の総督府本府の機構は、総督官房のほか、財務、鉱工、農商、法務、学務、警務、逓信、交通の各局からなっていた。朝鮮の統治を引き継いだアメリカは、終戦の年の九月に軍政庁を発足させたが、鉱工局と農商局を商務局と農務局に再編し、総督官房と警務局の一部を母体に公報局と衛生局を設置するなどの手直しはしたものの、基本的に総督府の機構を引き継ぎ、一九四八年八月に発足する大韓民国にうけ渡した。この間「局」の呼称を「部」（日本の省にあたる）に、さらに学務部を文教部、商務部を商工部とし、警務部に地方行政、土木行政を統合し内務部を創設したりはしたが、要するに総督府の各局がそのまま韓国政府の各部になり変っていったのである。

人的な面からも連続には疑問の余地がない。日本では十分理解されていないようだが、日本時代晩期、総督府官吏の半数はすでに朝鮮出身者によって占められていた。日本人が去って空いた職位は彼らが埋め、その機構は継続性と一体性を保ちながら新生国家の行政府に転化していった。東京帝国大学法学部卒の元総督府高等官で、戦後商工部次官となった任文桓は、「総督府鉱工局が米軍政鉱工部となり、三転して新政府の商工部になった」が、名前が変ったただけで、仕事の中味は隅々まで同じだったと書いている。機構と人の観点からは、朝鮮総督府と韓国政府は連続するひとつの実体で、端的にいえば、一九一〇年から一九四五年までを朝鮮総督府、その後一九四八年までをアメリカ軍政庁、以後を韓国政府と称しているだけである。

（『韓国・北朝鮮の嘘を見破る』所収、松本厚治論文）

すべての領域において、韓国は実態上、日本帝国朝鮮領の後身であり、その運営にあたったのは、日本人と机を並べて仕事をしていた朝鮮人（天皇の官吏、帝国軍人）であったと、松本氏ははっきり述べている。これだけでも、韓国の実態を容易に理解できるだろう。

もし、日本の朝鮮統治がいまでも続いていたら？

さて、もし日本の朝鮮半島統治が今日まで続いていたら、どうなっていただろうか？

これは、まず日本が第2次世界大戦（大東亜聖戦）で勝ったことが前提にならなければならない。日本が勝ったなら、世界史の版図は当然大きく変わっただろう。

日本は、朝鮮半島─台湾─満州、そして中国大陸の広大な国土と人口を有する、世界最大最強の「日本帝国」に変貌していたはずだ。当然、アメリカのGHQによる占領、蹂躙もありえない。アメリカと対等、いや、アメリカをしのぐ帝国として世界に君臨しただろうからだ。

一方中国は、現在の毛沢東を源流とする中国共産党の中華人民共和国ではなく、汪兆銘、蔣介石の国民党連合国である「支那民国」になっていたことだろう。そして、新日本帝国はおそらく、西洋的民主主義と東洋的な礼節をミックスした新しい政治システムを創造し、多民族を擁する経済、政治の最強国として、東アジアを守る〝要石〟となっていたはずだ。

在米の中国人評論家、趙無眠氏は著書『もし、日本が中国に勝っていたら』（富坂聰訳、文藝春秋、2007年）で、大変興味深い持論を展開していた。

趙氏によれば中国の民衆は、日中戦争中、民衆に悪事を働いた自国軍よりも、むしろ民衆のために義を尽くした日本「侵略軍」を支持していたという。中国軍は掠奪、暴行などを行う一方、日本軍は道路を修繕したり、医療サービスを提供したり、衛生環境を改善したりするなど、礼儀と善行を施したからだ。

中国の俗語に「天と地のあいだに秤（竿秤）があり、その分銅は民衆である」というものがある。この言に従って趙氏の研究を見ればわかるように、戦時中、日本軍のほうに秤が傾いたのは当然であったようだ（ただし、この本のタイトルは問題あり。そもそも日本は中国に負けたのではなく、アメリカなどの連合国に負けたのだから）。

これと同様、当時の朝鮮半島において、民衆という分銅の重みによって、近代先進的文明で統治する朝鮮総督府や日本人のほうへ秤が傾いたのだ。いや、「傾いた」という表現では消極的すぎるかもしれない。なぜなら、自ら日本国の忠実な国民として、近代的物質生活と文化生活を享受したからだ。

もちろん、日本の統治が第2次世界大戦の勝利を経て、今日まで続いたらどうなったのだろうか？　日本帝国領として自治を行い、「朝鮮民国」として変容しただろう。ここで一番大事なことは、南北分断もなければ、現在の北の金王朝も絶対に生まれなかったということだ。

統一朝鮮民国の統治機構としての自治政府は、独立運動側ではなく、本書で紹介してきたような「親日派」がすべてを掌握しただろう。朝鮮民国主席は李承晩ではなく、金性洙かそれに近い親日政治家が選出され、韓相龍のような人は経済相、李光洙は文科相、裵貞子は女性大臣になっていたかもしれない。

当然、現在「親日派」として弾劾されている人々は、ほとんどが建国の英雄や功労者になっていたはずだ。朝鮮経済も、日本と同様、高度経済成長を遂げていたことだろう。

異民族の支配は本当に〝罪〟なのか？

朝鮮民族の生活は、どうだろうか。無論、すべて「日本国民」のまま日本語を使用し続け、朝鮮語は第二言語となる。

そもそも「民族」という概念は、共同幻想にすぎない。人間にとっては、生命や日常生活より意味があるものではないだろう。前出の趙氏が調べ上げた、戦時中の中国民衆の心情など、まさに共同幻想ぶりを明確に立証しているのではないだろうか。

「民族同化」、つまりひとつの民族が消失し、他民族と合わさって新しい民族として再生するのは人類文明史の大きな特徴でもある。かつての満州族が漢民族と同化して滅亡したのははたして悲運か、非正義かといったことは、実は大した意味がない。もし大きな意義があるとすれば、その事実のみであろう。

人類文明史を概観してわかること、それは、異民族、他文明の侵略と征服が繰り返された歴史であったということだろう。

近代日本の東洋学の泰斗である宮崎市定は、『東洋における素朴主義の民族と文明主義の社会』（東洋文庫、1989年）という名著において、近世の中国中原の文明主義民族に対して、文明的ではなかった周辺のモンゴル、満州族の侵略、征服によって、文明の版図が変わったと実証している。

さらに世界的に見てみると、19世紀初頭のナポレオンによるドイツ侵略の際、当時のドイツの知識人の侵略に対する見方は真っ二つに割れていた。哲学者フィヒテは「ドイツ国民に告ぐ」という有名な講演で、ナポレオンを侵略者として批判し、ドイツ国民の団結を呼びかけた。

一方、大哲学者のヘーゲルは、むしろ異民族のナポレオンの侵略によって、固陋《ころう》なドイツの体制が打破される、大変有益な革命になると訴えた。そして、結局ドイツ人はナポレオンの革命軍を擁護して、民族の維持より旧体制を打倒を切望したのだ。

ヘーゲルは、民族主義ではなく、人類の歴史はより望ましい方向に常に向かうという「進歩主義」の立場から物事を見ていたのだ。

日韓併合前後の時代の朝鮮人は、その大多数が「進歩主義」を選んだ。現在、親日派と糾弾される人たちのほとんどが、常に人類はよりよい未来へと向かうというヘーゲルの「進歩主義」の流れを（結果として）汲んでいたと言っていいのではないか。

だから、異民族の支配を〝罪〟とはまったく考えなかったし、むしろ民族を超越してこそ民族を救えるという、壮大なビジョンをもっていたのだ。

皮肉にも、現在の北朝鮮は「独立」は勝ち得たものの、その中身は封建王朝へと後退し、自国民を幸せにできないどころか、完全に社会は生き地獄化している。

つまり、「民族」「独立」という大義名分が、実際には自民族の一人ひとりを不幸にするという悲劇の源であることを、北朝鮮は図らずも自ら証明してしまったのである。

２０１０年にノーベル平和賞を受賞した中国の民主運動家の象徴ともいえる劉暁波（１９５５〜２０１７年）は１９８８年、香港メディア『解放月報』によるインタビューでこう述べていた。

「香港は１００年間植民地になって、はじめて今日のように変わった。中国は大きいので、今日の香港のように変わるには、当然３００年間、西洋文明の植民地になる必要がある。３００年で十分か、私にはなお疑問だ」

私も300年では短いと考える。むしろ500年、いや800年程度の長い年月をかけないと、中国人は幸せになれないのではないだろうか。

1999年、私はかつて満州国にあった満州映画協会で俳優として李香蘭とも共演経験のある、何人かの老俳優をインタビューしたことがある。彼らは皆、このように証言した。

「満州はすぐれた国であった。中共は国民党より劣っているし、国民党はさらに日本人より劣っていた。満州国がいまだに続いていたら、満州は日本のように先進国になっただろう」

共産党の一党独裁体制下にいる彼らが、このように率直に言えるということは、自由民主主義を標榜する韓国で反日民族主義に浸っている大多数の知識人よりも、むしろ賢明であるとわかった瞬間であった。

なぜ、韓国人はかくも「馬鹿」になったのか?

先にことわっておくが、ここでいう「馬鹿」とは決して同胞の韓国人に対する差別や、侮蔑を意味しているのではない。「馬鹿」とは、そもそも「無知」「愚か」「蒙昧」という意味で、中国の『史記』に登場する「指鹿為馬」（鹿を指して馬となす）から由来し、以来、馬と鹿の区別もできない愚かさを示している言葉である。

いままで、私が行ってきた日中韓比較文化研究から導き出したひとつの結論は、以下のようなものだ。すなわち、日本人に比べて韓国人（民族）は押しなべて自己主張が強く、我が意を通そうと口角泡を飛ばすので、一見、弁が立つ賢い人のように見える。

しかし、賢く見える様子と、実際に賢いとでは、根本的に質が異なるのだ。一対一の口ゲンカだったら、韓国人が強く見えるが、実は「負けるが勝ち」の国民性をもつ日本人のほうが、結果として賢くて強いのだ。どういうことか。

たとえば、そんなに自ら賢いと胸を張っているのに、なぜノーベル賞は平和賞を除いて、いまだにひとりの受賞者もいないのか。もっと言ってしまえば、賢い民族がなぜ日本より近代化に出遅れ、しかも日本の植民地となってしまったのか。さらに愚かなのは、なぜこうなったかを理性的、冷静に分析、反省、研究するのをためらい、とにかくすべてを日本の悪の結果として、日本を責めるのか。

戦後、韓国民主化運動の代表人物で思想家の咸錫憲《ハンソクホン》（1901～1989年）は、そのみっともない無様な韓国人の性質について、次のように指摘している。

私は自分自身を偽ることなしには、はやりの「栄光の祖国の歴史」を教えることができないのを悟った。大体われわれは大きな民族ではない。中国やローマ、トルコやペルシャがつくったような、そんな大きな国をつくったことはない。また、未だかつて国際舞台で主役を演じたこともない。エジプトやバビロン、インドやギリシャのように世界文化史に誇れるものを何も残してはいない。ピラミッド、万里の長城のような雄大な遺物があるわけでもなく、世界に大きく貢献した発明もない。人物はいるにはいるが、その人によって世界思潮の主流になったといえるようなものはない。それよりも、あるものといえば圧迫であり恥であり、分裂であり失墜の歴史があるだけだ。公正な目で見ると、なおさらそうである。それは実に耐えられない悲しみである。

（『苦難の韓国民衆史』新教出版社、１９８０年）

韓国人は自分たちが自慢するような賢い民族ではないと、咸は喝破しているのだ。同じ脈絡で李栄薫教授は、韓国民は嘘言と偽善に満ちた「中世的幻想と狂信」の民族だと批判する。

中世的幻想と狂信に基づいて新しい国を建てることはできません。我々を種族社会に縛り付けているものを、一つずつ撃破して行かなければなりません。たとえ失敗した歴史であっても、それを直視して行くべきです。歴史というのは、人間たちの賢明だったり愚かだったりする選択によって、成功と失敗の分かれ道が折り重なる過程です。愚かな選択の累積は、結局その社会と国家を滅ぼしてしまいます。そういう点で朝鮮王朝の成功と失敗は、私たちにとってこの上ない優れた歴史教科書だと考えます。幻想に代わり、事実に忠実な自由人だけが読むことのできる、値打ちある教科書です。(『反日種族主義との闘争』文藝春秋、2020年)

親日派狩りは「第二の朝鮮戦争」だ

民主主義国家であるはずの韓国は、日本に比較して見れば、いまだに旧態依然とした「狂信的民族主義」から脱皮できていない。「個」が存在せず、すべて民族の枠組みのなかに自分たちの思考をはめ込んで、真実を抹殺する。

日本統治時代の歴史を、民族の壁のなかで糊塗し、歪曲してしまうのも、また、それに洗脳されて、独立した個人の思考を失ったのも、悲しいかな、自ら愚かな民族であることの立証なのである。

「民族」という精神的監獄から脱出しない限り、韓民族の未来は自滅しかないだろう。韓国国民は、この点を反省して、真の個人、真の民主化を構築すべきだと自覚しなければならない。

民族は甘いスローガンであっても、韓国人を救える唯一の道ではないこと。この一点だけを、韓国の大統領は銘記すべきだ。「民族」という神話を破ることが、韓国人にとって一番の急務なのである。

現在まで続く、「親日派狩り」は、韓国の根幹を自ら亡ぼす愚かな暴挙であることは自覚しなければならない。私は、このような暴挙を「民族の正義」だけをただひたすら叫ぶ狂信的民族主義者による「銃声なき第二の朝鮮戦争」だと指摘したい。

そして私がこの本を通して、はっきりと言いたいのは、韓国人が批判、糾弾する「親日派」など、そもそも存在しないということだ。これは韓国の為政者や共産主義に赤く染まった知識人がつくった国家的詐欺、フィクションにすぎない。よしんば「親日派」たる人物を3000人、30000人、いや3000万人探し出して糾弾したり、死者にムチを打ったとしても、なんら意味のない行為であり、むしろ自民族同士の相討ちという愚挙なのである。

ここまで書きながら私はひとつの妙案を考えた。それは、親日派を半永久的に礼賛する「親日派功労賞」や「親日派記念館」を設立して彼らの貢献を大挙、後世に知らせ、建国の功労者として喧伝するということだ。

「和解」の意義と「忘却」の知恵を

日韓が歴史問題でギクシャクする現在、忘れてはならない重大な真実がある。それは歴史とは「宿命」であること。「運命」であれば、運は変わることもあるが、「宿命」はそうはならない。避けることができないのが歴史的宿命なのだ。この宿命を認めたうえで、やるべきことは何か。

それはずばり「和解」である。ヨーロッパ諸国では、過去の問題を「和解」によって上手に解決していた。

考えてみよう。祖父同士が争って喧嘩したとしても、その孫までも争う必要はあるのだろうか。「知的欺瞞」で歪曲、捏造された歴史を日韓不和の種にすることは、いかに愚かで、日本は当然のこと、これまで自分たちの利益になったことなどあるのか。

日韓ともに思考の転換が必要である。とくに韓国は「忘却」という哲学と知恵を持つべきであろう。神は人間に「記憶」とともに「忘却」という能力を与えた。これを使って、歴史の問題で不和をもたらす種を忘却させるしかない。

われわれにとって、歴史は文字通り過ぎ去った過去である。過去に求めるべきは教訓と反省の「素材」しかない。その教訓は真摯な自己反省によって、ようやく得られるものであって、安易に他者のせいにするのは「馬鹿」な行為でしかない。もういい加減、外交、政治の場面で「歴史」を持ち出すのはやめるべきだ。

もし、韓国がそれほど歴史を語りたいのだったら、まず歴史の真実、つまりは近代日本の貢献も研究し、認め合うことが求められよう。これこそ真の和解や友好につながる唯一の道である。

さらに言えば、歴史はその分野の専門家、学者に一任して研究させ、「真実」を明らかにさせて、民衆に知らせるべきである。その好例が、本書でも繰り返し紹介してきた李栄薫元ソウル大学教授らによる『反日種族主義』だ。この本が日韓でベストセラーになったということは、「真実」

1939年10月、歴史的な和解を果たした伊藤博文の息子、文吉（前列右）と安重根の次男、俊生。

は韓国でも日本でも大歓迎されることの証左ではないか。

私が2017年に上梓した『韓国人が知らない安重根と伊藤博文の真実』（祥伝社）で、1939年10月、伊藤博文の子である伊藤文吉と安重根の次男の安俊生《アンジュンセン》がソウルにおいて、握手を交わし和解したことを書いた。日韓の先人たちも恩讐を越えて和解を達成したのに、21世紀の人間ができない理由などあるのだろうか。

あとがき　～全民族同胞に告ぐ！～

本書の最後に、私は韓民族の子孫として、いまの韓国国民に提言したい。

まるで世界を混乱の渦に巻き込んでいる新型コロナの跋扈《ばっこ》のように、「知的欺瞞」が韓国民族同胞の近現代史、日韓の過去の歴史認識を目茶苦茶にしている現在の韓国では、本当に必要なのは日本への非難、北への同調ではない。「自己分析、自己解剖、自己反省、自己批判」が、〝薬〟として最も必要不可欠なのは日本人ではなく、韓国同胞あなたたちである。

1945年の解放後、反日種族主義的執念で、あなたたち同胞は、むやみに日本に対して蔑視や侮辱、罵倒を一種の自己肯定、自尊心の裏返しとして繰り返してきた。しかも捏造、歪曲された歴史を動員してでも、日本を「絶対悪者」としたその執拗さには、狂気とともに恐ろしいほどの幼稚さ、卑劣さが露になっている。

私には、これは日本という成熟した賢者に対する、未熟な子どもの「ないものねだり」に映った。光復76年、人間でいうと、もう立派な古稀の老人のはず。韓国人よ、少しでも成熟した紳士的老人、品格をもった老人になったらどうか。もう日本という他者ばかり責める未熟で卑怯な、みすぼらしい5歳児の思考から脱皮し、自己反省できる立派な民族として、世界から尊敬されるように変身してほしい。これは私だけの想いではないだろう。そろそろ「クジルクジル」（しめっぽく小汚い）で「クチャ」（窮屈）なイメージから解放されるべきではないか。
日本に対しても、ひと言。韓国とケンカしなければならない。理不尽な要求に対して、意志表示をしないのは日本人の欠点である。真正面から何度でも、きちんと説明、反論し真実を突きつけよう。韓国の理不尽な態度を育成した責任の50％は、日本人にあるのだ。かつて近代を教えた師らしく、正々堂々と、韓国人に真実を教えることも日本の使命である。
そして、最後の最後になったのだが、日韓関係のこじれはほとんど99％韓国の態度によるものだ。反日に対する、過去を問題にする自身の反省が急務である。日本という近代化の「恩師」に感謝する礼儀を備えた品のある民族に変容することは、韓国の未来にかかわる重大な問題である。この点、同胞たちは明確に認識しなければならない。

本書の執筆に物心両面からご支援いただいた畏友の広島の医療法人社団八千代会理事長姜仁秀氏をはじめ、資料収集に協力してくださった川西千枝、李正樹、韓美愛、中島正喜、沖中尚美の諸氏に心から感謝したい。また、本書を手にしていただいた読者諸賢に厚くお礼申し上げる。

２０２１年７月７日

金文学

主要参考文献（順不同）

『日韓近代史の空間』韓相一著、日本経済評論社
『親日派』林鍾国著、御茶の水書房
『親日派1・2・3』反民族研究所編、（ソウル）ドルベゲ
『日韓交渉史』杵淵信雄著、彩流社
『日本帝国の申し子』カーター・J・エッカート著、草思社
『親日派のための弁明』金完燮著、草思社
『親日派のための弁明2』金完燮著、扶桑社
『反日種族主義』李栄薫編、文藝春秋
『反日種族主義との闘争』李栄薫編、文藝春秋
『63人の韓国史人物列伝3』イ・ヨンハクなど著、（ソウル）ドルベゲ
『日韓共鳴二千年史』名越二荒之助著、明成社
『100年前的中日韓—東亜近代文明新発見1・2・3巻』金文学著、（台湾）大地出版社
『「反日」という甘えを断て！』金文学著、祥伝社黄金文庫
『THE NEW KOREA』アレン・アイルランド著、桜の花出版
『朝鮮はなぜ独立できなかったのか』アーサー・J・ブラウン著、桜の花出版
『李完用評伝』尹徳漢著、(ソウル) 図書出版ギル
『金性洙』金重洵著、（ソウル）一潮閣
『李光洙全集6・7』（ソウル）三中堂
『李光洙』波田野節子著、中公新書
『孫基禎』金誠著、中公新書
『韓国・北朝鮮の嘘を見破る』鄭大均・古田博司編、文春新書
『朴正煕、そして人間』朴正煕大統領記念財団編、（ソウル）未来-H
『新脱亜論』渡辺利夫著、文春新書
『坂の上の雲』金源模著、（ソウル）檀国大学出版部
『李容九小伝』西尾陽太郎著、葦書房
『売国奴高宗』朴鍾仁著、（ソウル）ワイズメップ
『炎は闇の彼方に』金賛汀著、NHK出版
『死者のための弁明』卜鉅一著、（ソウル）ヨルリンアチム出版
『文学の植民地主義』南富鎮著、世界思想社
（※論文や一次文献は紙幅の関係で略す）

［略歴］

金文学（きん・ぶんがく）

比較文化学者、文明批評家、日中韓国際文化研究院長。1962年、中国の瀋陽で韓国系中国人3世として生まれる。85年、東北師範大学外国語学部日本語科卒業。大学講師を務めたのち91年に来日し、同志社大学大学院、京都大学大学院を経て2001年、広島大学大学院博士課程修了。広島文化学園大学、福山大学、安田女子大学などで教鞭を執る。現在は日本に帰化し、日中韓3国で執筆、講演活動中。令和2年度東久邇宮文化褒賞受賞。「東アジアの鬼才」と呼ばれるなど、その言論活動はアジア各国で高く評価されている。『われわれが習近平体制と命がけで闘う13の理由』（ビジネス社）、『韓国人が知らない安重根と伊藤博文の真実』『中国人が明かす中国人の本性』『逆検定 中国歴史教科書』（井沢元彦氏との共著、以上祥伝社）、『あの「中国の狂気」は、どこから来るのか』（ワック）など、著書は日中韓3国で90冊以上に及ぶ。

P183、P241、P245写真：『こんなに明るかった朝鮮支配』（但馬オサム）より

祖国の英雄を「売国奴」と断罪する哀れな韓国人

2021年9月1日　　第1刷発行

著　者　金 文学

発行者　唐津 隆

発行所　株式会社ビジネス社

〒162-0805　東京都新宿区矢来町114番地 神楽坂高橋ビル5F
電話　03(5227)1602　FAX　03(5227)1603
http://www.business-sha.co.jp

〈装幀〉中村聡
〈本文組版〉茂呂田剛（M&K）
〈印刷・製本〉中央精版印刷株式会社
〈営業担当〉山口健志
〈編集担当〉大森勇輝

ISBN978-4-8284-2282-4